歯科人へのぬり薬

和田弘毅

目次

香川県庵治町《あじちょう》生の国《いきのくに》

歯ART美術館

フォトアルバム

瀬戸内海がパノラマで一望できる斜面に建つ美術館。2016年にはエレベーターも完成し、キッズコーナーも備えている。

　穏やかな瀬戸内海の志度湾を目の前に臨む歯ART美術館は、皆様の「口福」＝お口の幸せを願い、和田精密歯研株式会社が２００５年４月15日に設立した、全国でも珍しい歯とアートの展示がある美術館です。

「口福」とアートの世界をともに楽しんでいただけるよう、著者の和田弘毅が蒐集した歯科関連の治療器具、美術品や工芸品とともに、地元作家の絵画、写真なども展示しています。

　美しい景色とアート作品で心を癒し、日ごろお世話になっている大切な歯に、「私の歯、ありがとう！」と思っていただくことを願いつつ、年中無休で開館しています。

【２Ｆ】
歯に関する展示室
【３Ｆ】
多目的ギャラリー
研修室
アボリジニ・アート展示
【４Ｆ】
企画・催し会場

「歯ART美術館」設立の経緯

和田弘毅

1990年、香川県高松市庵治町生の国に、「レスポアール」という名の和田精密歯研の社員研修所を建設した。当時、ミサワホームがシポレックスという外壁家屋を輸入していた、いわばセラミックスハウスの始まりである。設計は当時の四国地区主管・宮地忠義が担当した。

その後15年間、「入社5年後研修の場」として活用していたが、親友の久保善彦氏と宿泊した時に対岸を見ると、ふと立派な鉄筋4階建ての白亜のビルが目に入った。

「どこの所有か?」「利用頻度は?」などを庵治町役場に尋ねると、パナソニッ

美術館入り口

ク、当時の松下寿電子工業が保有していることが分かった。愛媛県に工場移転したので、5千万円以上での購入先を探しているということがわかり、トントン拍子に話は成立し、購入に至った。

建物の展示品として、当初は顎顔面補綴系のものをと企画していたが、需要が少ないとの理由で話が止まっていた。たまたま、多くの社員から海外旅行の土産としてもらったり自分で集めたりしたユニークなお面（木彫りの面）がたくさんあることに気づき、これを展示することにした。また、地元の司法書士である玉川清先生が、展示用にと、なんと600台ものカメラを提供してくれた。

歯科関連では、山口県宇部市開業の山根稔夫先生、山口大学教授の山内壽夫先

美術館にある噴水周りの花

生と一緒に1972年から宇部動物園や犬のアパートを作って動物実験の手伝いをした時のインプラント研究の資料が残っており、骨膜下インプラントについてもアメリカのガッシュコフ先生の残した貴重な資料があった。また、東京の小嶋榮一先生がブレードテクニックの資料も種々提供してくださったため、これらを生かし、インプラントブームの適切な解説をこの美術館でやり得ると確信した。

その後、元香川県歯科医師会の湖崎会長からも貴重な「高松ブリッジ」をいただいた。

「当社約57年の歯科技工受注産業は、いくら手を加えても、100点満点を一発で得る、すなわち、その寸法公差3ミ

敷地内にあるハートの芝生

クロンを再現することは不可能である」という当時の結論から、技工展示については3ミクロンの世界に少しでも迫りたいとの思いを表現できるよう工夫した。

以上の資料、思いなどを基に、歯科技工所のイメージアップも図ろうと、美術館の開設に踏み切り、親友の久保氏に初代館長をお願いした。

歯ART美術館のビジョン

1 歯科技術の適切な解説と歴史教育を社内外に

2 美術館を通じ、技術者の人間関係、人脈の構築

3 企画展示を地元の美術愛好家と毎月行い、地元密着

4 素晴らしい環境資源を世界に発信

5 四国の芸術文化の育成（20年計画）

美術館の桜

120年前にドイツで作られた補綴物模型。中央にあるのはアッシュ社製のオールセラミック冠。今の歯科関係者が見てもほれぼれする作り込み。

【歴史的な展示】

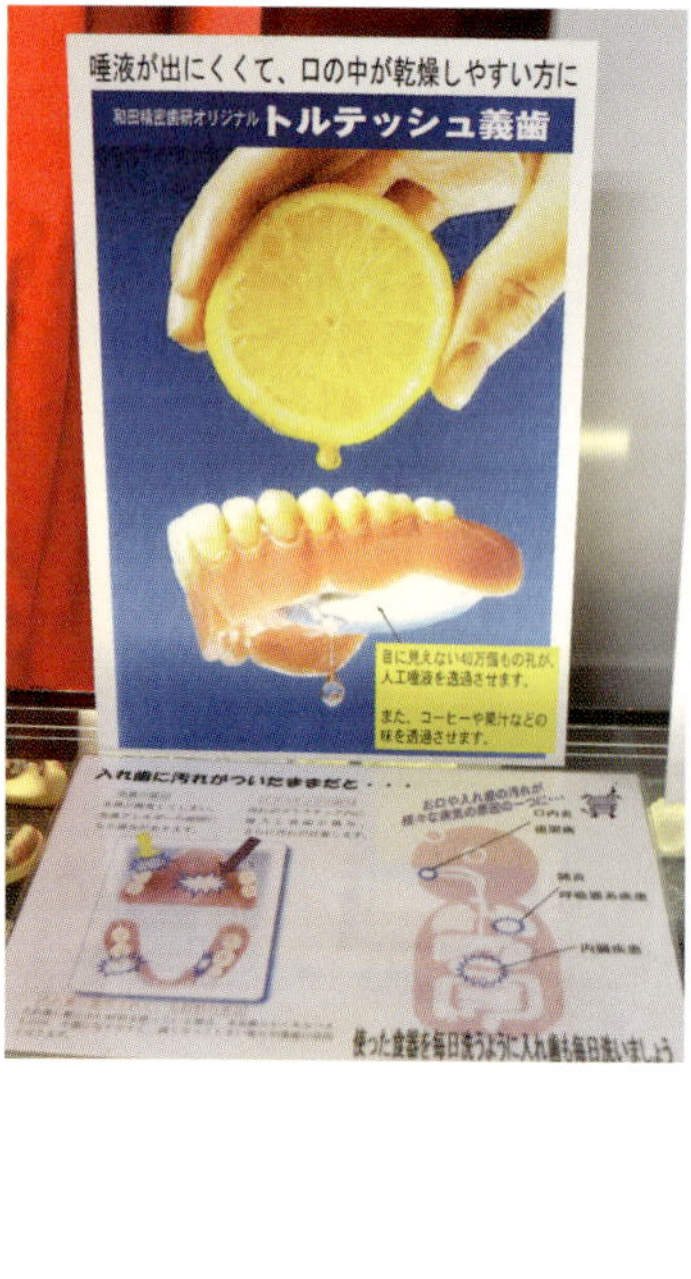

唾液の出にくい人のために開発されたトルテッシュ義歯など、和田精密の技術開発史も垣間見ることができる。

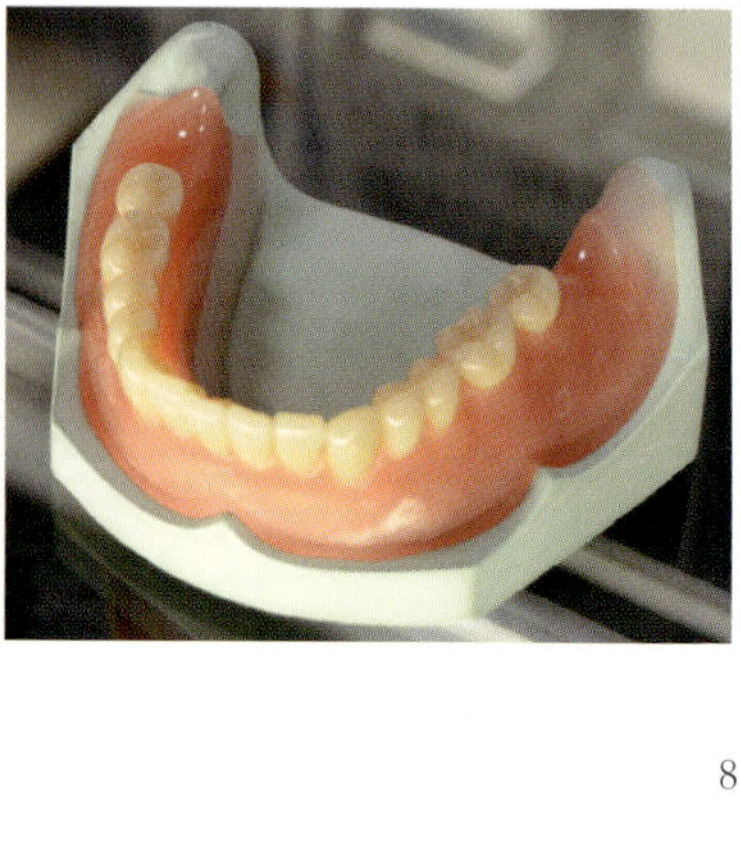

大正時代の歯科治療器。日本最初期の電動ユニット付き治療台（左）と、それ以前の足踏みエンジン（右）。それぞれ、塩田博文氏（福島県開業）と香月武氏（佐賀医科大学名誉教授）より贈られたもの。

【和田精密の魂】

和田精密が、歯科医療にかける思いを表した「一歯入魂」の掛け軸。

著者が若いころ愛用していた鏨（たがね）などの工具類（昔の刀鍛冶の技能を生かし、鋼をフイゴで加熱したコークスで熱間加工したもの）。身が引き締まるエリア。

和田精密のだるまには、もちろん（!?）歯がある。

【独創的な作品たち】

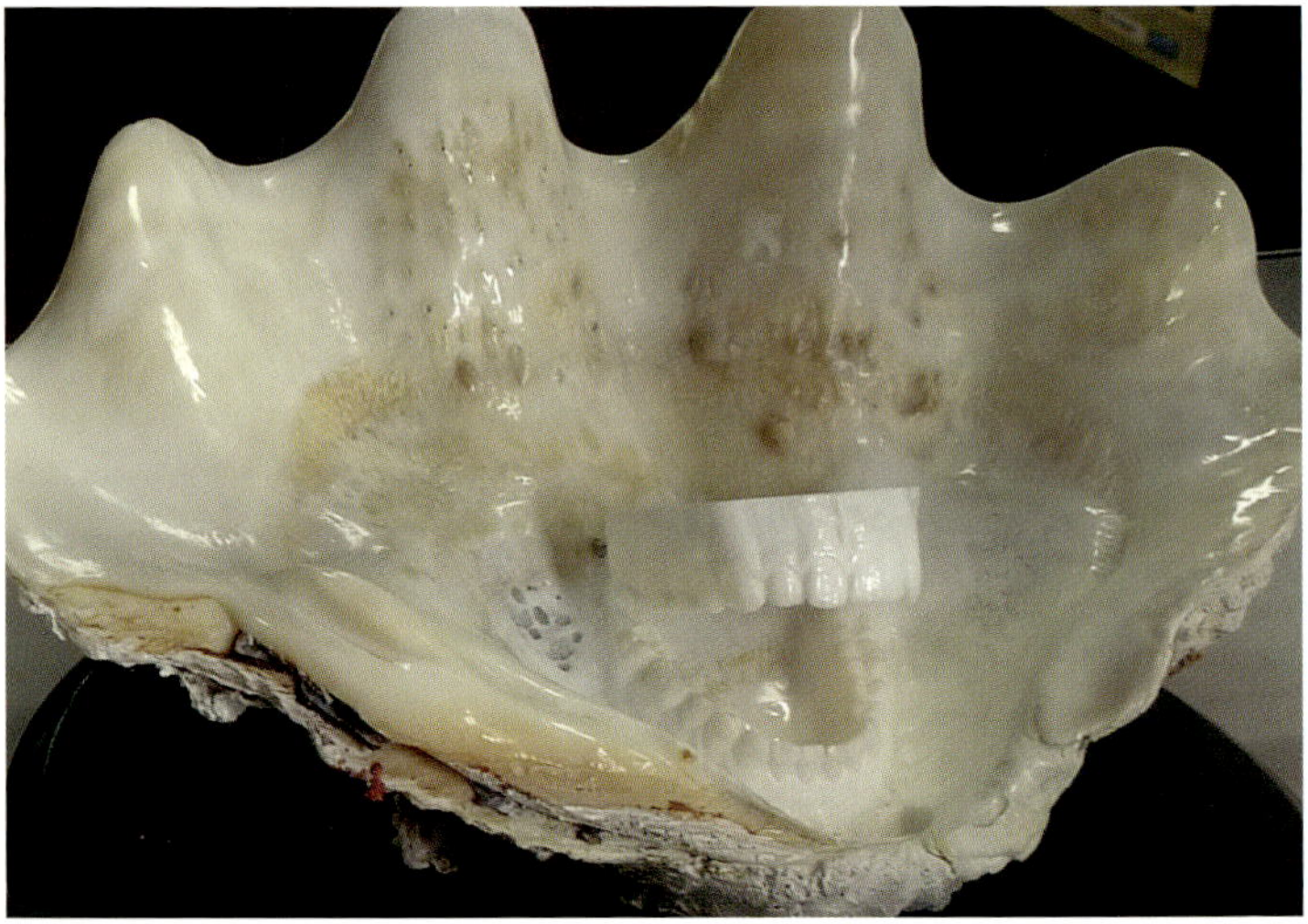

シャコ貝を刳り出した歯牙模型。

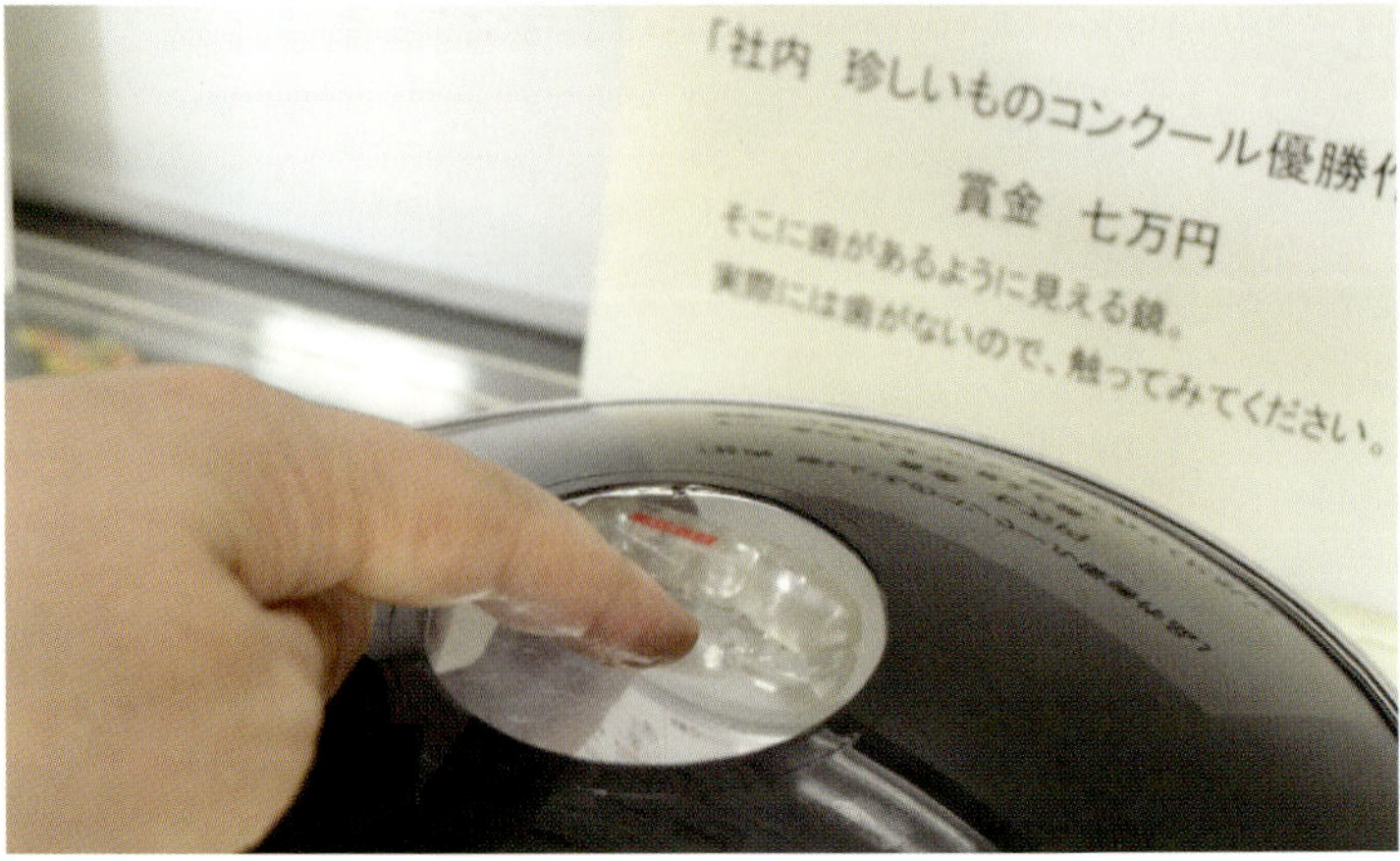

社内珍しいものコンクール優勝作品の、「そこに歯があるように見える鏡」。

美術館の入り口で、来館者を歓迎する石のオブジェ。

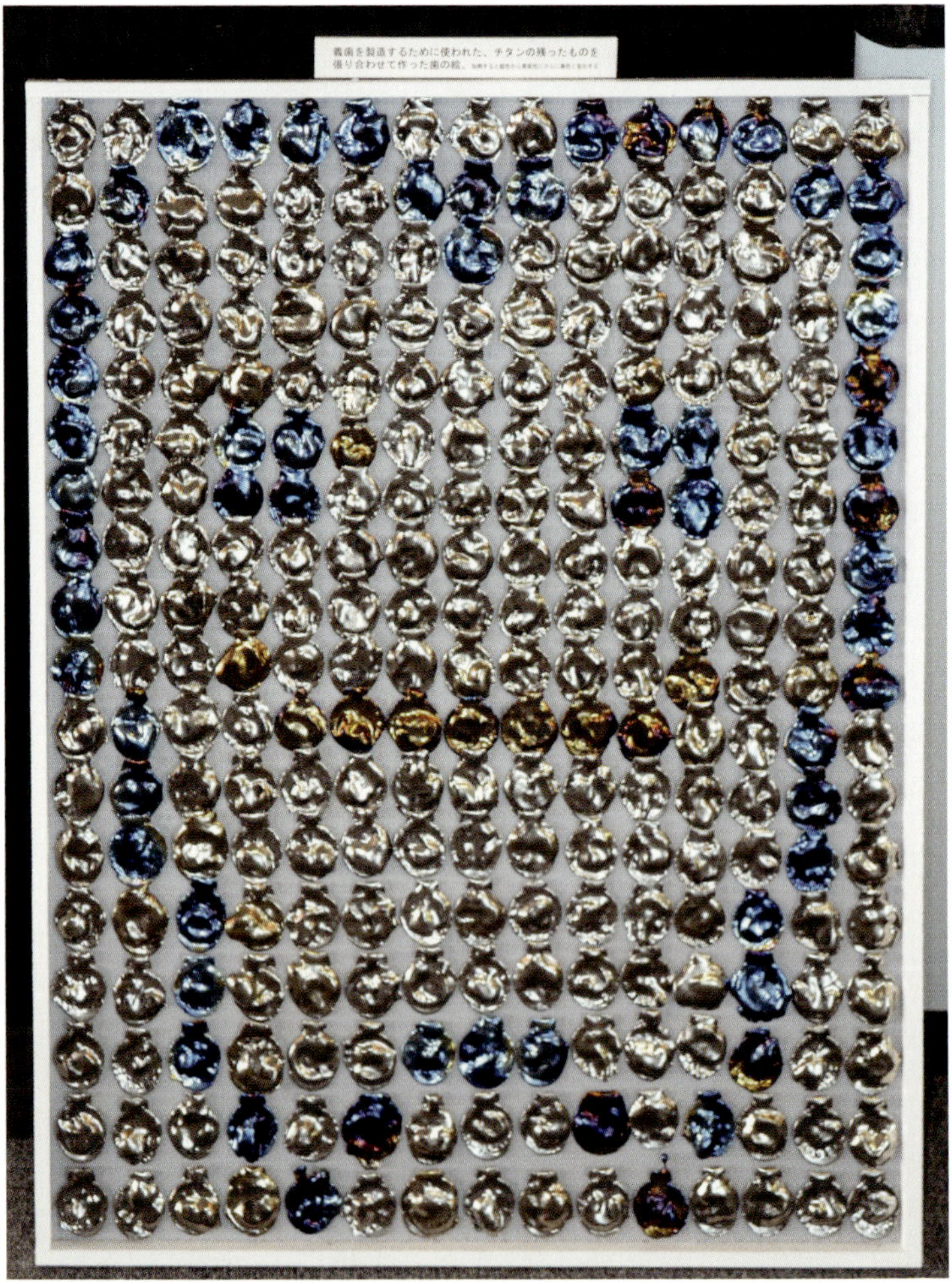

義歯を製造するために使われたチタンの残りを張り合わせて作った歯のアート。技工の過程で生まれるチタンくずに高熱を当てると青色に変色し、さらに当てると金色になる性質を利用したもの。チタンといえども、これだけ大量だとかなり重い。

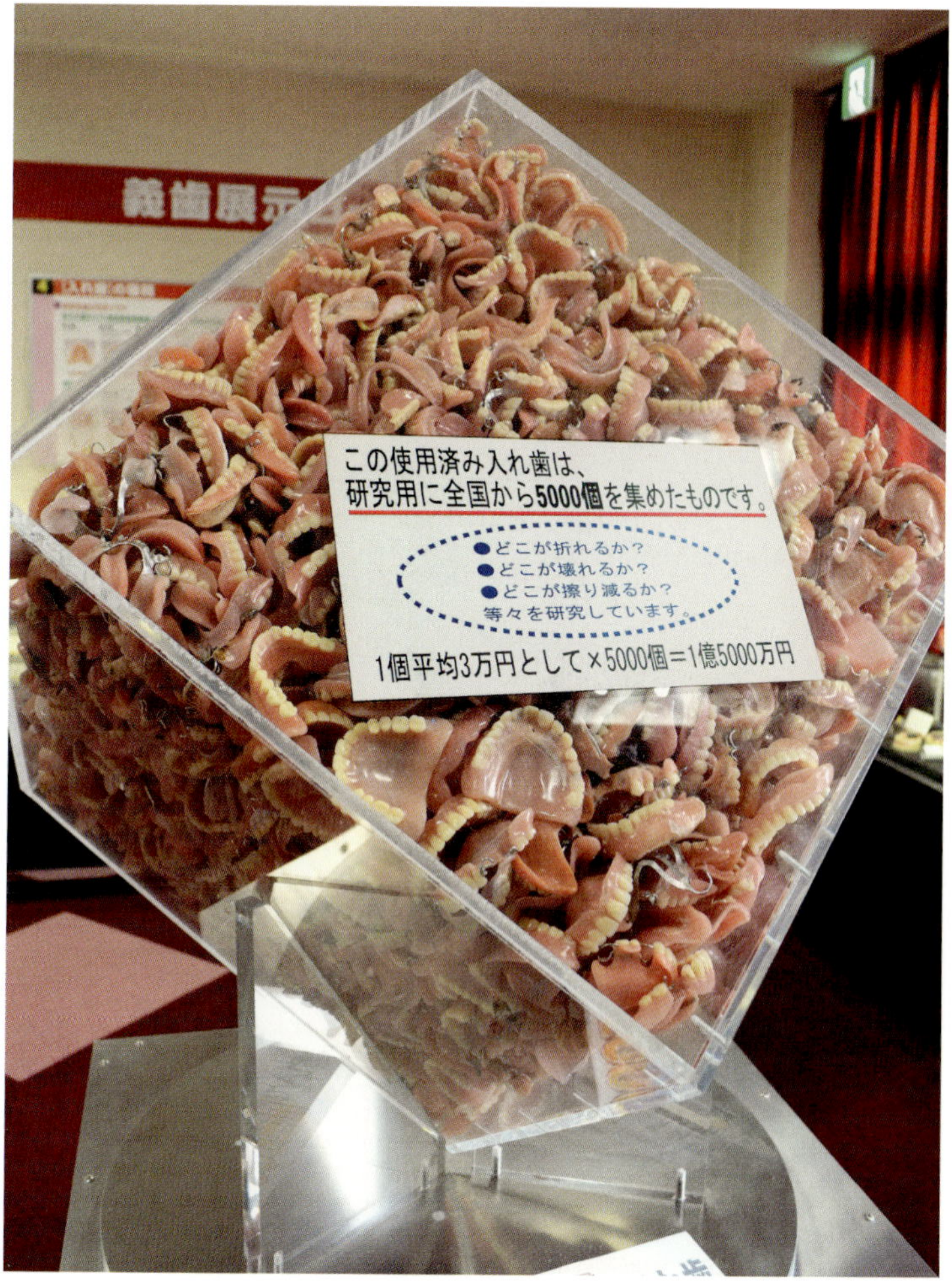

どこがどのように壊れるのか、すり減りの傾向はあるのかなどを研究するために集めた使い古された義歯の数々。「新製すれば1個平均3万円、5,000個で1億5,000万円の価値がある」ということで、ニュースで取り上げられたことも。

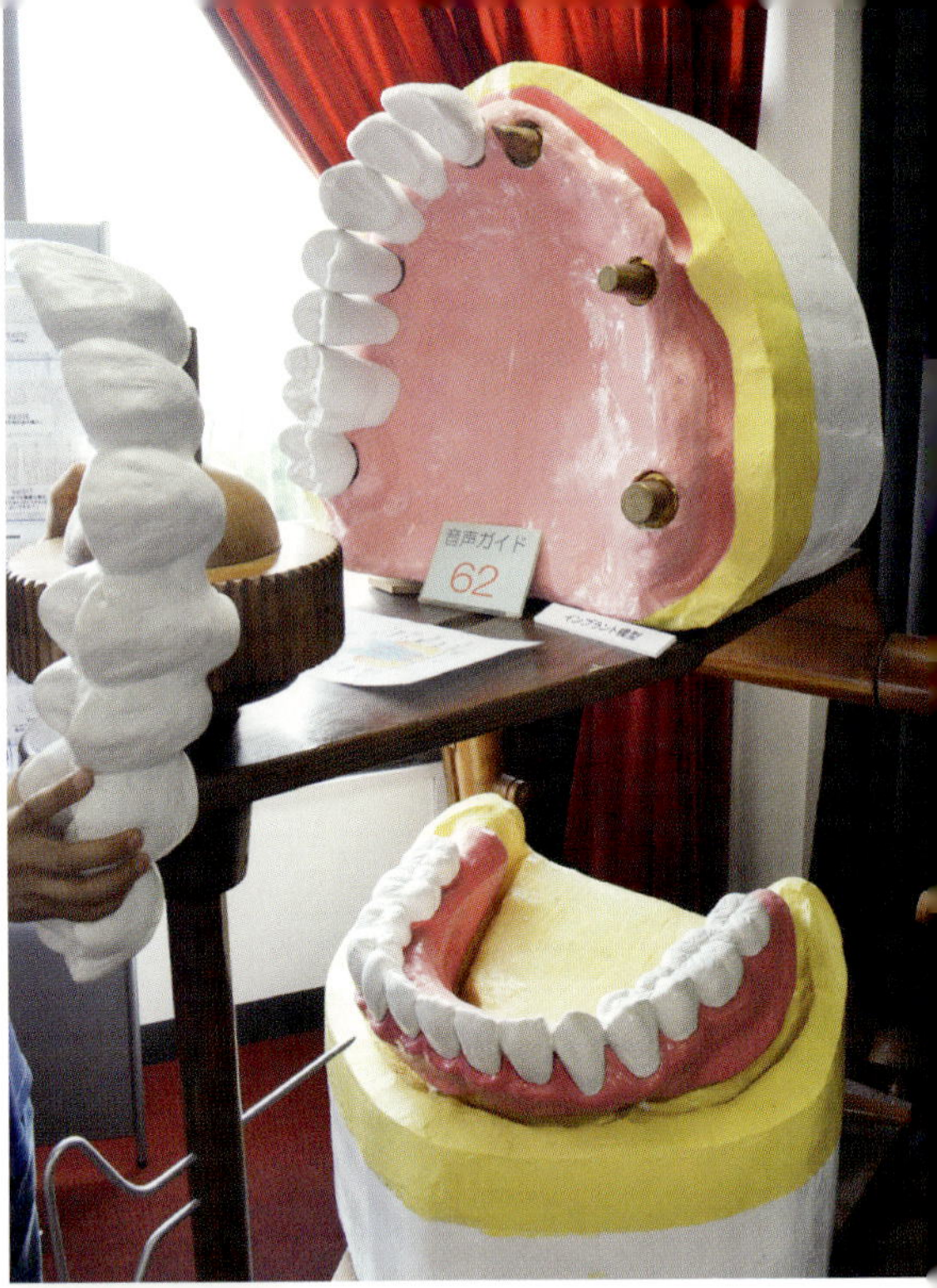

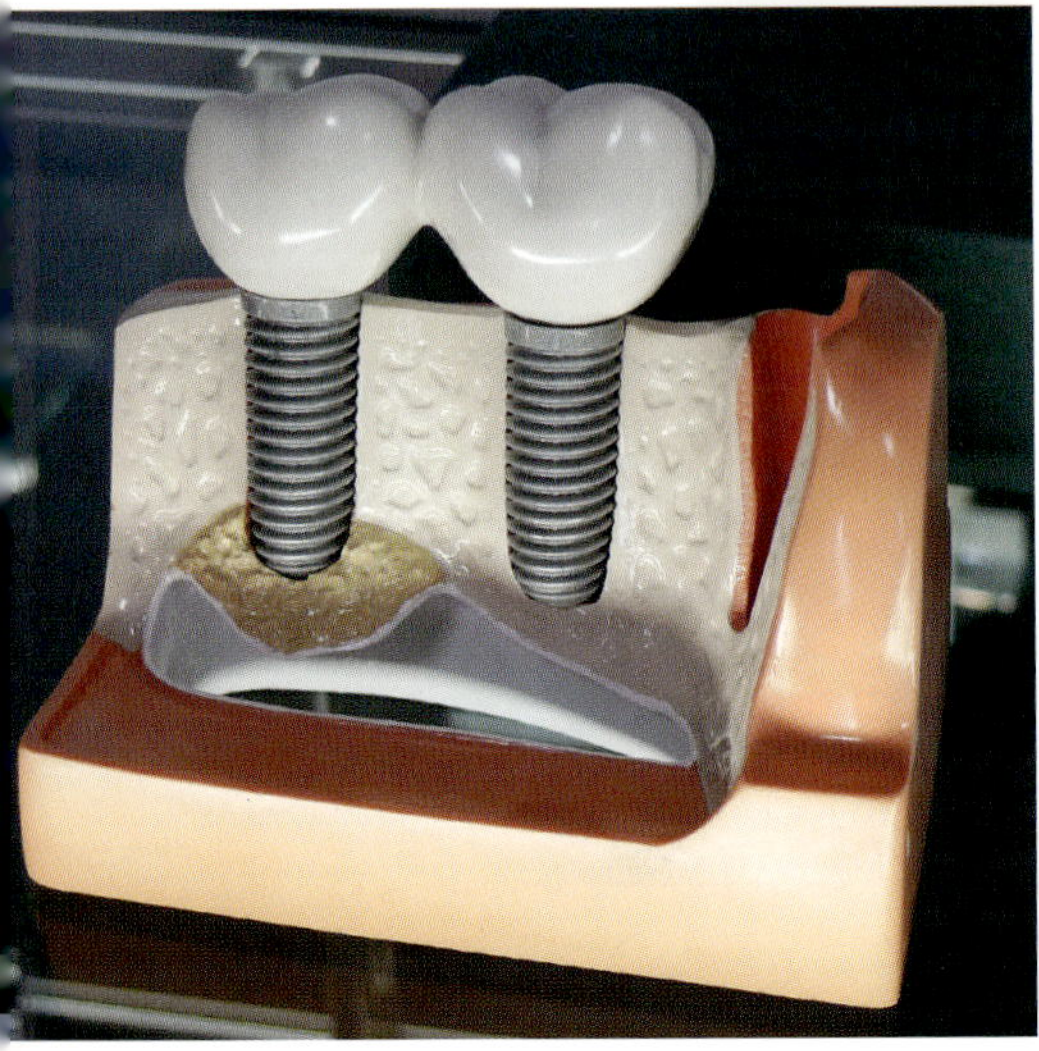

特大模型。著者は、「説明用模型は大きい方が良い」という信念を持っているためこのような大きさとなった。顎模型から歯列模型、インプラント模型まで特大サイズ。顎模型は歯が取り外せるようになっている。

感知の限界への挑戦を表した作品。よく「歯科はミクロン単位の仕事」と言うが、細さを実感してもらうために作成した糸巻きはわずか３ミクロンの純金線。

日本にインプラント学が広がり始めたころに関係者に配った、ブレード・インプラント柄の食器。

歯がある世界各国のお面のコレクション。著者が研究の一環で収集したものや、「海外に行ったら珍しいお面を買って、和田精密にプレゼントしよう」というありがたい社員や歯科関係者のお土産品なども。

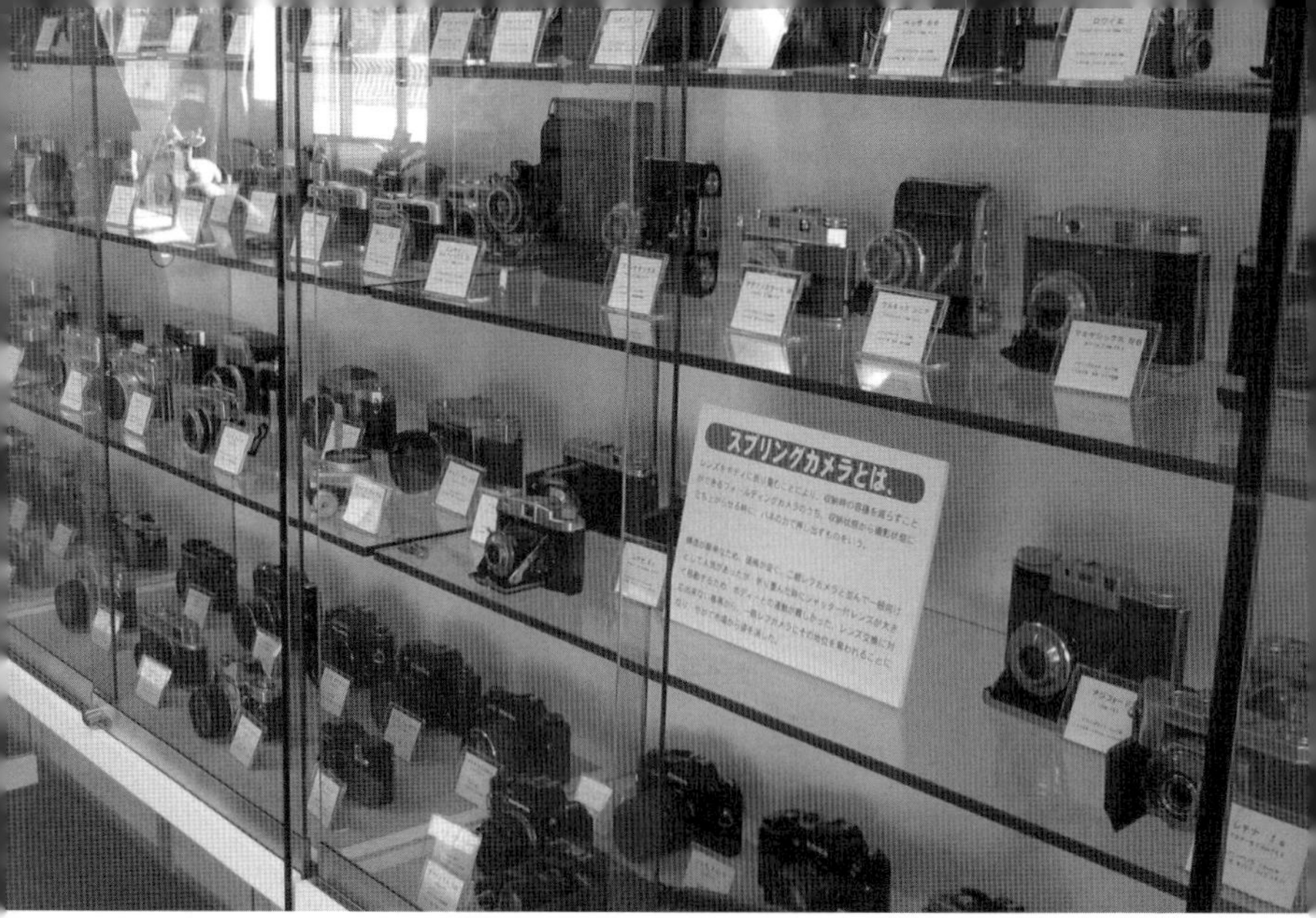

常設のほか、ユニークな企画展も…

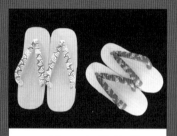

今では珍しいアナログ時代のクラシックカメラの数々。600台あるうちの220台を展示。

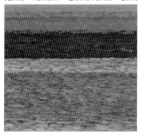

瀬戸内海一望の
パノラマは絶景！
ぜひ一度、美術館に足を
伸ばしてみてください♪

美術館のイメージガール「てらたぬ。」

近隣には、「瀬戸の風景を体感できる公園」「自然とふれあえる公園」「アートと遊べる公園」をコンセプトとした、高松市立あじ竜王山公園も。

歯 ART 美術館
〒 761-0130 香川県高松市 庵治町生の国 3180-2
電話：087-871-0666

1. 歯科医療への処方薬

「快適歯科医学」へ

「そよ風」くらい気持ちの良い贅沢な自然の贈り物はないと考えているが、冷房や暖房の人工的な温度調整には、めったにそよ風はない。

快適さへのニーズは高まる一方で、歯科で作られる修復物やサービス内容についてもしかり。

修復物が審美的に優れて色・形ともかなり万全になっていることは、審美学会等でもよく分かる。それらを超越した美しいパール色による輝きや、解剖学的な自然形態よりもっとフラットな光反射や艶を出した煌き等、インプラントでいえば人工物の植立を越えて、骨や肉を作り出す方向へと成長してきた。

いずれも冷房や暖房の取りあえず冷やす・暖めるという領域を超えて、そよ風のような快適さを期待されていることは事実である。

すでに〝快適歯科医学〟なる領域に入り込んでいるかもしれない。

ワクワクする歯科医療

仕事はすべて、提供する立場と受ける立場に分かれるが、特に最近は受け手を思う仕事の在り方が重要視されている。製造業でいえば「作れば売れる」の時代から、「受け入れられるものを作る」への変化である。

品質の評価も、「受け手個人の希望に合っているか？」を問う傾向が強くなりつつあり、その情報はネットなどを通じて一瞬のうちに世の中に拡散されていく。

ある日、TVの中でコンピューターソフトの開発会社の研究班のリーダーが発した「使ってくれる人がワクワクするような仕事をしよう」という言葉に、「ものづくりの原点はここにある」とハッとさせられた。

我々の作る補綴物すべてが患者さんの満足を得られるかどうかは難しい。しかし、先生方やスタッフの皆さんと一緒に行う歯科医療ならば、患者さんがワクワクと期待する仕事に変わる可能性は大いにある。

患者の立場で考えると、医科にお世話になる時は、「健康だった状態にどれだけ戻れるか」に意識が置かれるのに対し、歯科では「より美しく、より若々しく」という期待感をプラスできるのである。

富山の薬売りに「先用後利《せんようこうり》」という言葉がある。江戸時代から全国に足を運び続けているこの商いで最も大事にしていたことは、地域との信頼関係だという。

当時の全国を現代の感覚に置き換えると、世界中にくまなく足を運んでいるというレベルになるだろう。見知らぬ地域で相手の信頼を得る時に役立ったものは、全国の情報だったらしい。情報の少ない時代に、来るたびにもたらされる情報は重宝されただろう。

子供たちにはお土産を持ってきて、「お代は使った後、この次でいいです」というやり方は、まさに受け手の気持ちに添っている。大人も子供たちも薬売りが来ると聞けば、ワクワクして待っていたことだろう。

この先用後利には、「ワクワクする歯科医療」につながるヒントが多いと思う。

クリニックの確かな医療技術、患者さんが必要としている情報の提供、来院される方々が楽しい気持ちになる仕組み。我々コ・デンタルスタッフもお手伝いができることは多そうだ。

「受け手がワクワクするような」という言葉に未来が見える。

（W／W）

患者さんか、クライアントか

歯科の臨床現場では、日常的に「患者さん」という言葉が飛び交う。呼ばれる立場からすれば、「患者さん」というのと、「○○さん」と名前で呼ばれるのとでは、だいぶ違って受け取られるだろうなぁと、このごろ考える。

例えば「入院」と「検査入院」との違いを思い出してみてほしい。「入院」といえば少し深刻な響きがあるが、「検査入院」といえば聞こえが良い。「何も病気をしていないが、ただ検査のために入院している」という安心感も伴うからであろう。

歯科医院に来る人はすべて患者、つまり「病気にかかったり、けがをしたりして医師の治療を受けるための人」ではない。アメリカのUCLAで教授をされている西山一郎先生は、「漢字を直訳すれば、心に串を刺すと書き、心で悩み苦しむことという意味である。必ずしも患者イコール病気ではない」というようなことをおっしゃっていた。

学会では「患者」という表現をせざるを得ないのであろうが、実際にはもしかしたら、「クライアント（顧客）の方々」という呼び方、つまりＤＯＳ（Doctor/Disease Oriented

System）からＰＯＳ（Patient/Problem Oriented System）という患者中心の医療の時代感覚の方がふさわしいのかもしれない。

歯科医療は飽食か否か

限られた土地に限られた面積の家しか建てられず、「住」に対する欲求不満は横ばい状態の日本だが、「衣」「食」においては飽和状態と感じる。

ネクタイが洋服ダンスに１００本、ペンがペンホルダーに30本、酒棚には世界の銘酒がズラリ、そして冷蔵庫には食べもしないバター、チーズ、焼き肉のタレ、気が付けば何でも必要以上にそろっている。

ところが、いくら物資が豊かになっても、人間は「ないものねだり」。もっとおいしいお酒、もっとおいしい料理、と探し求めている。

しかし、ごちそうを食べに高いお金を出してあちこちさまよう旅行もほぼ限界に達し、どんなごちそうを出したところで、もはや簡単に客が集まらないことは、高級料亭の相次ぐ閉店を見れば一目瞭然である。

今や、お金を出してごちそうを食べに行く時代ではない。お金を出してごちそうを出さないところに行き、健康を維持する時代、すなわち飽食による不健康を避けて必要最小限のカロリーで快適に暮らすことが良しとされるようになってきた。
果たして歯科医療は飽食だろうか、欠食だろうか……。

受け継がれる「口福」の思い

東京・浜松町で開業されている小嶋榮一先生にお会いした。インプラント治療に人生をかけ、76歳で現役。先生はとてもお元気な上、語られる言葉は生き生きとしていて深みがある。お会いした時にとても素晴らしいエピソードを聞いたので紹介したい。

「今から約40年前、銀座四丁目で開業していたころ、歩いてわずか3分ほどのところに補綴の大家である故・河邊清治先生のオフィスがあり、何かとかわいがっていただいた。しかし、河邊先生はインプラントが大嫌いで絶対認めようとはしなかった」とのこと。並々ならぬご苦労があったであろうことは推測がつく。

その河邊先生が30年前に出版された無歯顎の臨床についての3冊の著書を、小嶋先生は今でも大切に所蔵されている。本を購入する時に、専門書店の社長に頼み、めったにサインなどしなかった河邊先生から直筆サインをいただいたという。

そこには「生涯現役」「口福」という二つの言葉が添えられていた。生涯にわたり臨床を貫いた大家らしい言葉である。河邊先生を師と仰ぐ小嶋先生も「生涯現役」の言葉通り、今なお臨床の第一線で活躍されている。

もう一つの言葉「口福」は、懐石料理の大家である辻嘉一氏が河邊先生の治療に感謝して贈った言葉だそうだ。一流の料理人が噛みしめた幸福の気持ちがよく伝わってくる。字の由来を調べると、「口」は神への祝詞を入れる器を表し、「福」の右側のつくりは酒に満たされた容器を表していて、神に供え、大切なものを周りに分け与えることが幸せを呼ぶのだという。

「師資相承《ししそうしょう》」は小嶋先生の座右の銘。「生涯現役」を師に学び、その思い・技を受け継いでいくという意である。大家と呼ばれる方々は究極の思いを端的な一言に託すのであろう。辻留・辻嘉一語録「料理秘伝」には、「料理は口で食べることはもちろんですが、目で食べ、鼻で食べ、耳で食べ、心で食べます。それだけに料理は食べる人の身になって作ります」と書かれている。料理は一人一人へのおもてなしなのだ。

「口福」は、我々歯科医療従事者が最も受け継ぐべき思いである。

患者さんの幸せのために、患者さんに幸せを感じていただくために、「口福」を「師資相承」しなければならない。

「美しい言葉」への責任

ロサンゼルス・ハリウッドで35年以上映画のプロデューサーをしている友人の家を訪ねた時のこと。

私が〝口福〟を提唱している一人であると知っている彼は、「良い義歯を作り、おいしいものを食べてもらうように努力するのも結構だが、その口から発せられる日本人の言葉が大変汚くなっているのが残念。特に若い女性が鼻から抜けるような発音を好み、『俺の言った通りにせぇや』などと平気で話す姿は聞くに堪えない。何とかならないだろうか」と言った。

さらに、「このことは、歯科医療に携わる人が次に考えなければならないことでは……」と追い打ちをかけられた。

考えてみると、たしかに聖書のヨハネの福音書一章一節に、「初めに言葉があった。言葉は神とともにあった。言葉は神であった」とあるように、言葉は神聖な物事の始まりであったはずである。

声紋の研究をしているとか、義歯による発音や、楽器を自由に吹けるようにする研究者というのは聞いたことがある。しかし、時代が反映した日本人の言葉遣いや風潮等を、義歯作製者がどのようにして改革につなげていけばよいのかと尋ねたところ、「義歯が人間の発言する思想をも変える機能を兼ね備えるのは至難の業でしょう。しかし、歯科人として新聞やエッセイにそれを書いて訴え続けることが重要です」と話は発展した。

普段、台湾や韓国を旅行すると、昔の正しい日本語ときれいな言葉遣いに接することが多い。その方々は歌を歌う時、炭鉱節の「月が出た出た、月が出たぁ」と始める。昭和初期までの人である。

今ならまだ聞くことのできる「正しい・美しい日本語の講座」を若い世代を対象に設け、歯の予防以外に美しい言葉をほほ笑みとともに提供するのも、これからの歯科に残された課題かもしれない。

期日の明示

目に違和感を覚え、インターネットで調べて近所の眼科にかかった時のこと。若い医師は「たいしたことはありませんが、治るまで2週間はかかります」と言った。2週間もかかるのかと思った反面、期日を明示してくれたおかげで安心感が持てた。これは当然ながら歯科でも必要なことと考えるが、一体どれくらいの歯科医院で行われているのだろうか。

ソウルで、午前中にオーダーしたワイシャツが夕方には仕立て上がり、ホテルの部屋に届けられると聞いて、その速さに興味を持ち、注文したことがある。しっかり採寸して生地を選び、3着の注文を済ませ、店を出た。夕方、ホテルに戻るとシャツが梱包されて届けられており、仕上がり具合にも満足できた。確か1着の費用は3～4千円ぐらいだったと記憶している。

「カスタマイズの要求には時間がかかる」は、アジアではすでに過去のものになってきているのか。やはりサービスを受ける側からすると、期日の明示は大きな意味を持つ。

10年前に治療したオンレーが外れてしまったので応急処置をしていただいたが、すぐに外れてしまった。ついには抜髄することとなり、専門医による根管治療が始まった。3回くらい通院したころに「一体いつ治るのか」が知りたくなった。

もちろん、人によって症状の程度はさまざまなので、一概に治療の期日を切れないということはよく承知しているのだが……。

しかし患者にとって、いつ治るかが分からない状態は不安なもので、それを知りたいと思うのはごく自然な感情。それに、治療してくださる先生には申し訳ないが、治療のためとはいえ、ずっと口を開けているのはつらいものである。

変えてはいけない原理原則と、変えていかなければいけないサービスの形—。期日の明示も、その一つのヒントになるのではないか。

（W／W）

「噛み合わせ」303万件

パソコンの前でキーワードを入力するだけで、いとも簡単に情報を入手できる時代となった。そこから得られる情報は日に日に拡大している。

ある時、「噛み合わせ」をYAHOO!で検索してみると、ヒット件数は303万件であった。この噛み合わせには、歯と歯を噛み合わせることだけではなく、顎関節症、不定愁訴（ストレス、うつ、肩こり、腰痛など）も含まれている。

しかし、一般的にはこれらの症状が現れた時に歯科を受診する患者さんは少なく、多くの方は、まず内科や整形、鍼灸を受診する。

そこで解決できないケースにおいては、噛み合わせも一緒に診ることができれば、どれぐらい助かる患者さんがいるであろうか。もちろんそのような流れを作るためには、医療において歯科の情報を共有する必要性があり、医療連携が鍵となる。

一般の患者さんに目を転じれば、用語の壁もかなり大きい。「咬合」という言葉を使う場合と「かみ合わせ（噛み合わせ）」を使う場合では、どちらが伝わりやすいだろうか？

他の歯科用語においてもしかり。インターネット上で、患者さん自身が理解しやすい言葉を使うことによって、潜在的な患者さんにも自覚を促す効果があるだけでなく、医療連携を進める上でもプラスに働くかもしれない。この303万件という高い関心度にも応えることにつながるのではないだろうか。

ちなみに「歯」で検索してみると検索件数は1億1００万件とさらに多かった。歯科の役割は、それほど大きいと感じた次第である。（K／W）

咬合の決め手と評価

補綴物を製造する我々にとって、義歯やクラウンが患者さんの健康を支えているのだと考えるほど幸せなことはない。この逆で、合わない義歯やクラウンが患者さんにどんなに不愉快な思いをさせているのかと想像すると、身も縮む思いである。

咬み合わせは全くもって不思議なもので、わずかな早期接触で歯痛を感じる敏感さもあれば、さして気にすることもなく「こんなもんだ」と受け入れることもある。いろいろな咬合治療があるのも、この評価の複雑さに理由があるのかもしれない。

しかし、咬み合わせが健康に関係することは直感できるので、何とかその糸口を知りたいものだ。

さて、咬み合わせは「歯と歯の咬み合わせ」のことと考えがちだが、「顎位」が咬合に及ぼす影響は大きいのではないかと気付かせてくれる経験をした。

今までもイメージとしてそれなりに捉えていたが、京都大学再生医科学研究所で顎関節のＭＲＩ画像によるリアルな運動画像を見た衝撃は大きかった。

左右の顎関節にぶら下がっている形で下顎があり、上下の歯牙で咬み合わせを営んでいる咬合を治療する場合、トータルな考え方が必要だと実感できた。

「あるべき顎位はどこか」

この研究はさまざまな分野での解明が進んでいるようで、とても楽しみだ。

「神あわせ」？

咬み合わせ治療が神頼みではなくなる日はそこまで来ている。


（Ｗ／Ｗ）

カニ（噛み）合わせ

カニを食する機会が年に何度かある。遊び心で左右のハサミを動かしてみたところ、内側に並んだ突起はあたかも歯のように自然と噛み合うように思えて興味深かった。ついでに調べてみると、種類によってはハサミを使ってはさむ、切るだけでなく、すりつぶすといったものもいるようで驚いた。

咬合論については昔から多く論じられてきたが、患者の立場からすれば、「食事の時に噛めるか、噛めないか」ではないか。そして、この「噛める」ための先生方の苦労を私はよくよく知っている。

咬合の調整をどうしているかを見るために技工作業の現場に行ってみるが、その多くは下顎限界運動によってなされている。しかし、実際の食事を見ると、下顎を何度も突き出してはおらず、いわゆるすりつぶす咀嚼の運動をしていることが分かる。

食育基本法の第3条には「食に関わる人々のさまざまな活動」という一文があるが、広い意味で我々歯科技工士も含まれるであろう。しかし、補綴物の製造側である我々が、咀嚼をしている時の顎の動きや歯の機能をよく理解しているかといえば、疑問がある。

咬合とは上下の歯が噛み合っている状態のことを言い表しているが、大事なことは前述のような食事をする時の顎の動きと、スムーズに動く時に影響を及ぼす歯牙の排列位置や咬頭の位置なのではないか。

この正しい咀嚼運動を顎運動記録装置に記録したものこそ、「よく噛める」の根拠だと考えるのは間違いだろうか。

（W／W）

しびれが歯科で治った話

私が行っている伊豆の断食施設に年に2回（4月と10月）、一週間ほど断食に通う友人がいる。10月は2人が時を同じくしたので、暇を持て余し、話し込んだ。

というのも、人間が食を取る時間は一日の中でも大きな割合を占める。断食でその時間を他のことに回す生活をすると、不思議とその暇は会話に向けられるのであった。

彼は、「手のしびれが歯で治った」という体験を聞いてほしいとやたらと力説する。以下が彼の話である。

ある年の3月ごろ、左右の手、特に人さし指と親指にしびれが出始め、首を上げると左手内側全体がしびれるので、近くの病院で首のＭＲＩを撮ってもらった。すると、第三頚椎に異常が見られ、手術をするにはリスクがあるので、その病院では首を引っ張るけん引しかできないと言われた。

4月、5月と月2回程度、人づてに紹介された歯科へ通い、即重レジンで咬合を上げ、前方側方運動ができないので調整を続けてもらった。筋の緊張を利用したOリングテストという特殊な検査法を取り入れた治療だった。

すると、7月、8月にかけ、だんだんとしびれが和らいで、9月には完全にしびれが取れ、10月に入りメタルでスプリントを入れてもらった。

そんな折、私のところにヒト咬合医学（重力を基準とした顎の動き方や、歯の噛み合わせの状態を診る医学）についての案内ハガキが届いた。

この種の仕事は、歯科技工士にとっても未来志向の新しい分野を切り開いてもらえる可能性を秘めている。現実には、これらの技法はもっともっと大きな世界があると思うので、今日まで患者さんの立場で話が聞けていなかった自分は、だいぶ遅れているのかもしれないと感じた。

認定医制度

当社では器材面の進歩を前向きに捉え、歯科医師の先生方に、より満足度の高い歯科技工物を提供できるように最新の技工技術を習得し、優れた技量を獲得した歯科技工士には給与面だけでなく、「マイスター」に類する「スーパーテクニシャン」という資格を認定している。幸い、この制度は社員にも好評で、取得した者はプライドを持って仕事をし、未認定の者は認定取得に向かってさらなる努力をしている。

歯科医療の現場でも使用する機器や材料の進歩は著しく、当然のこととして、よく勉強する人とそうでない人との格差が拡大しつつあると言える。

このような動きに対応し、「認定医制度」を設ける学会が増えており、知識と技能の向上に努めて高いレベルに到達された先生方が、専門分野ごとに学会認定医の資格を取得するのは素晴らしいことと受け止めていた。

しかし、よく聞いてみると、各学会の認定医制度は、常日ごろからその学会で研究発表している学会員のみが対象で、非学会員は勉強して知識や技量に習熟しても認定医になれないという。

各学会は、学会員であるか否かを問わず、それぞれの分野についてよく勉強し、優れた臨床技能を習得した歯科医師を広く対象としてその専門性を審査し、十分なものがあれば認定医として認めるということはできないものであろうか。

これによって専門性を高めるために努力する歯科医師が増えて、日本の歯科医療の水準がさらに向上し、患者の歯科医療に対する信頼感が高まり、ひいては歯科界の発展につながることになると思う。認定医は学会のものではなく、社会、国民のためであることを願っている。

「世間よし」への道のり

すでによく知られた言葉だが、近江商人の心得「三方(売り手・買い手・世間)よし」に学ぶところは多い。

企業において、顧客満足と社員満足を同等に掲げる活動が増えている。歯科治療においても受診側の患者が幸せを感じるには、施術側である歯科医院の方も幸せでなくてはならないだろう。

インプラントに関するマイナス報道が続いたことがあった。その情報に少なからず偏りを感じた。

ある歯科医師は言う。

「あらゆる医療行為にリスクはつきものだ。歯科医師がそのリスクをいかに減らすかに取り組み、その説明をすべきだ。マスコミはこの点も正確に伝えないと公平性に欠ける。患者は正確な情報の開示を求めている」

あらためて歯科業界で「三方よし」を提言するならば、医院側には公平な立場で積極的に情報提供する姿勢が求められる。

患者側には、マスコミ情報なども参考にしつつ、自らが調べて正しい情報を入手する努力が求められる。

技工物の製造を担う我々歯科技工士は、インプラント治療を希望しない方にも提案できるような選択肢を広げ、新しい補綴物を作り出す努力が必要となる。

こうしてそれぞれの立場を認め合って歯科治療の価値を共有することで、初めて世の中から正しく歯科医療が評価されるのだろう。

礼節に欠ける「一方だけよし」の考えは崩壊への一途をたどる。近江商人には、勤勉・倹約・正直・自立・敬神・崇仏・始末という共通理念がある。それは日本人が持っていた礼節とイコールであろう。


（W／W）

デンタルショー来場の効用

デンタルショーや各種学術大会の展示会場では、新製品の他、医院経営への提案や患者の快適性まで考えた、時代に沿った品々やシステムが紹介されている。

本来、デンタルショーとはモノありきで、それによって人が集まる。しかし、会場では出展企業の営業マンをはじめ、ほとんどの人が知り合いを見つけては「やぁやぁ」と声を掛け、会話を始める。つまり、あいさつも商談も品物よりも先に、人の縁によって始まるものなのだ。

ネットを使って買い物をする時などは例外かもしれないが、知らない人とは仕事はできない。いずれにしても最初に人と人とのつながり、「輪」を築くことが仕事始めになるのかもしれない。

この「輪」の中に、協調や調和の「和」のエッセンスを加えることができると、さらに仕事は充実したものになるだろう。輪と和を融合させてネットワークを創造するのは人間力である。人間力とは、理念、価値観、感性、創造力、技能、行動力などの総合力だと思う。

こう考えると、ますますデンタルショーのあちらこちらに輪と和のスクラムを見て取ることができる。

面白い経験がある。社員の一人を連れて出張した電車の中での出来事だ。座席の周りを外国人の団体に囲まれた。口ひげの男性ばかり8人の集団であったが、メキシコから電気系の技術研修に来ていて、これから帰国するらしい。

そのうち、連れていた社員がメキシコ人の有名なサッカー選手の名前を出して話しかけた。口ひげ集団は一斉に我々を振り返り、そのサッカー選手の名前を叫び出して大合唱になってしまった。これを国境を越えた輪とは言いすぎかもしれないが、人の輪における「共通の人」の果たす役割は大きい。

海外でたまにあるのだが、人懐っこい笑顔で近寄ってきて、日本人の俳優やスポーツ選手の名前を連呼しながら土産物を売りつけてくる子供。けなげであるが、したたかでもある。実に商いのツボを心得ているではないか。

（W／W）

2. 技工哲学への処方薬

歯科技工士の60年

歯科技工法が施行されたのは、昭和30年のこと。

最近、昭和20年代後半ごろから歯科技工を仕事にしていた女性から話を聞く機会を得た。当時は、技術的経験を持ち、定められた研修を受講すれば「特例技工士」として歯科技工士免許が交付された。院長自身が技工を行い、院長夫人や医院に勤める手の器用なスタッフが技工作業のお手伝いをしていたそうだ。

その女性は、町を歩けばそこかしこから「入れ歯の具合を診てほしい」と声を掛けられたり、また、今ではとても珍しいお歯黒の人工歯やゴム床入れ歯の修理も経験したという。昭和40年代の初めには、先見性のある院長の勧めで、当時最先端技術だったメタルボンドの研修も、男性の歯科医師に交ざって受講したと言っていた。

今や歯科技工の最先端はＣＡＤ／ＣＡＭや３Ｄプリンターなどのデジタル技工である。ほんの少し前までは、ワンピースで作るフルマウスのブリッジは適合精度を得るために相当な時間とスキルを必要とした。また、鋳造欠陥の問題も歯科技工士にとって大きな精神的ストレスとなっていた。

それが今では、就業1年目の歯科技工士でもデザインの訓練を積めば見事な適合を得られ、非常に安定した物性の製品を作ることができる。デジタル技工は、先端技術はもちろん、労働環境の改善などさまざまな恩恵を与えてくれている。

しかし、いかにデジタル化が進んでも歯科技工士としての技能は必須で、また、目まぐるしく進む技術の変化に遅れないためにも日ごろの修練を怠ってはいけない。

歯科技工はこれからもますます技術の発展をみるだろう。

最後に、その女性歯科技工士は言った。

「いつの時代も歯科技工士はいいモノを作らないとね」

（W／W）

カミの入れ歯

45年以上も入れ歯作りをしていると、いろいろな方から、こんな歯を作らないか、とご提案をいただく。「獣医さんと協力して猫や犬などペットの入れ歯を作れば、人間の入れ歯を作るよりはるかにお金がもうかるから、ぜひやれ」と言われたこともあるが、話を聞いて20年経った今も、それは実行していない。

私がお世話になっている歯科技工士の金城氏は、石垣生まれの石垣育ちで、歯科技工士より観光業の方が似合っているのではないかと思うほどの名ガイドである。この金城氏が、「カミの入れ歯を作りませんか」と言ってきた。「神の入れ歯？　人間の入れ歯で精いっぱいなのに、神様の入れ歯なんて作れないよ」と答えると、「いやいや『紙』の入れ歯。香港から沖縄まで間違いなく売れます」と金城氏は言う。

東南アジアでは、ベンツやクルーザーなど、故人が愛用した物を紙で作ってお棺に入れる習慣があるとのこと。入れ歯も紙で作って一緒に燃やすらしい。生きている人の入れ歯さえなかなか満足してもらえないのに、ついに亡くなった人のために紙の入れ歯を作る羽目になるか、という話の種になるエピソードである。

はるか石垣の彼方から届いたもうかる話に、一瞬、食指が動き、製作費用を調べてみた。しかし、金型代に８００万円かかるとは、「やはり紙の入れ歯ならぬ神の入れ歯ではないか」と思った次第である。

補綴物のゴールと自然の摂理

初夏のある日、瀬戸内海を臨む香川県の豊島唐櫃《てしまからと》の小高い丘にある豊島美術館に足を運んだ。この美術館は芸術家、内藤礼氏と建築家、西沢立衛氏のコラボレーションによるもので、自然の摂理を見事に表現していると大いに感銘を受けた。

西沢氏の言葉を借りると、環境と建築が争わないように意図し、瀬戸内の水滴のような建物を創造している。そして、内藤氏のテーマである地上の生「母体」が館内の空間にある。

田舎には直線がない。これも西沢氏の言葉で、便利な街に住み慣れると気付かずにいることだが、言われてみれば確かに街は直線の空間だ。

一方、自然は曲線の世界。海、波打ち際、曲がったあぜ道、流れる川の水。たまたまわき水などを見つけると足を止めてじっと動く川砂を見ていたものだ。

口腔内にもまた直線がない。我々の作る補綴物も自然摂理との調和が必要であることは明らかだ。

今後、新しい独創的な補綴物を創造するには、今一度自然を見直して摂理と調和するということがテーマになるのではないだろうか。

なぜ歯はこの形をしていなければいけないのだろうか。

1番から7番のそれぞれの役割は何だろう。

なぜ歯列には湾曲がついているのだろう。

正しい顎位はどこだろう。

食べ物を食べる時、顎はどんな動きをしているのだろう……。

本来、こんな素朴な疑問に明確に答えることができなければ、歯は作れないはずである。

患者さんは、歯科医療者はみな分かっているだろうと思っているに違いない。

自然の摂理とは、現代の科学をもってしても、人間が予想できるようでできないものなのかもしれない。

補綴物のゴールは単に生体に合致するだけでなく、自然摂理との調和に真の価値があるのではないか。

決して探求の歩みを止めてはならない。


（W／W）

一生懸命の判定基準

歯科修復物の作品を学術大会やデンタルショーなどに展示していると、ほとんどの方はまず手に取ってみる。五感を頼りに品質を確かめるのだ。

昨今のように、３Ｄによる三次元的分析をすれば、それが原型に忠実であるかどうかは数値で確認できる。しかし、患者さんが必要とする機能の予測まではやはり困難と言える。歯科修復物の評価は、「適合と歯周組織との関係」「咬合と機能」「審美」のトータルであり、これらに歯科技工士は培った技術を注ぎ込むのである。

例えばクラウン一本の撮影にしても、咬合面や両隣接面だけでは情報として不足し、立体展開図を考慮すると、最低でも六面から撮影しなければならず、機能接触面などを含めると拡大図までもが必要となる。

こうして細かく観察してみると、歯科修復物はどこまで手を尽くしたかが分かってくる。手を抜いたところは、肉眼、または第六感で相手に伝わってしまうのだ。

一言で言えば、一生懸命に作ったかどうかが、作品の優劣の大半を決める。

「創ったものに命が宿る」と言えば、特別な匠に限った話のように聞こえるが、この姿勢は直感で相手に伝わるものだ。絵画と同様、圧倒的な迫力のある作品には心突き動かされる感動がある。

特に若い技術者に伝えたい。歯科技工は熟練に至るに1千単位の経験を必要とし、急にはうまくならない。しかし、誠心誠意、心を込めて作れば、結果と機能に関する第三者の評価が得られる。すなわち、人の教えを聞くことであり、「我以外、皆師」がとっておきの判定基準である。

ひたむきに向き合い、教えを請うことで、初めて仕事の意味を理解できるのである。

（W／W）

「手考足思」

陶芸家の河井寛次郎氏が残したとされる言葉「手考足思《しゅこうそくし》」を座右の銘にしている方は、案外多い。ジャーナリストの筑紫哲也氏もその一人だったと聞く。

「手考足思」という言葉を、「手をこね動かして考えて、足を運んで自らが見て思う」と解釈すると、おおよそのものづくりの仕事に当てはまるのではないだろうか。

香川のさぬき市に、介護業界で知られる「あゆみ」という高齢者向けの靴を作る会社がある。同社は、高齢者の転倒事故をなくすため、介護の現場に赴き、徹底して高齢者の歩き方を観察し、改良に改良を重ねて「履くと楽しくなる」「亡くなる前日まで歩いていたい」という高齢者の願いをかなえる靴を作り出している。そのため、利用者から毎日のように感謝の思いをつづったハガキが何通も届くという。

同社の社長は「私たちは靴屋ではない。高齢者に向けた会社なのだ」と語る。

では、義歯作りはどうだろう。使う人の願いをかなえているだろうか。制度の問題は別として、本来、満足を得られる義歯を作るためには、患者さんの口腔内をよく観察し、声を聞いて作製しなければならないはずだ。

だからこそ、「手考足思」なのである。いつでも口に入れた瞬間、患者さんがニンマリしてくれるような義歯を届けたい。そう考えると、このまま昨日までと変わらぬ義歯作りでいいのだろうかとつい思ってしまう。

野生動物は、歩くことや食べることができなくなると死を待つ他ない。「歩く」と「食べる」は命に関わる重要な要素だ。高齢者に高く支持される靴メーカーのように、我々も「入れると楽しくなる義歯」「ずっと食べられる義歯」を世に出し続けていきたいものだ。

すでに「あゆみ」の靴は高齢者のみならず、病院で歩行のリハビリテーションを行う人々の願いもかなえ始めている。

（W／W）

技工教育改革の必要性

「世の中で一番いい仕事は何か」と問われて、ある方は「タクシー運転手かも」と答えた。そう言われると確かにタクシー運転手は、いったん会社を出れば自分の意志で自由に行動でき、うらやましい。チームプレーである会社や団体は、得てしてトップダウンで上からの命令や、あるいはノルマを課せられる。そのためにマニュアルをマスターし、その通りに行動する訓練がなされ、自由度は少ない。

歯科技工業もその一つで、学校で学んだ手法はなかなか変えられない。そのため、社会に出て実務についても、一度受けた教育から路線変更するのはよほど柔軟な体質でない限り至難の業となる。

この業界を良くしたいなら、まず教育改革を行い、国家試験の内容を見直して、明日の臨床に変幻自在に対応できるようにしていかなければならない。

歯科医療者の美的センス

２００５年に高松市に歯ＡＲＴ美術館を開館した時から、「絵が描ける歯医者さんは素晴らしい」「子供の絵は才能の芽をはぐくむので素晴らしい」と思っていた。そうした思いがあって世界各国から子供の絵を集め、７年間展示していた。

「絵が描ける歯医者さん」については、東京で歯科医師の絵画同好会の展示会を拝見して以来、そこに所属する歯科医師の先生方との交流が始まった。さすがにどの作品も素晴らしい。日ごろ歯科医療の臨床で鍛えたそのセンスと技能はもはやプロ級である。絵よりも彫刻を業としてきた我々のような者にとってはうらやましい世界であった。

以前、若い歯科技工士の新入社員教育のために「絵のかきかたのヒント」という本を故・大川武一郎先生に書いていただき、出版したことがあった。そこには絵を描くための七つのヒントが記されている。

①ソノリテ（こだま・響き合い＝愛）

②ハイライト（中心）

③アラベスク、すなわちリズム・ムーヴマン（ムーヴマン＝動きを感じさせるような表現）
④嘘（創造）
⑤誰もが知る黄金比
⑥バルール（色調の明暗の度合い）、すなわちメリハリ
⑦テーマ・タイトル、すなわちコンセプト
この七つが必要だという。

歯科医療に従事するものには当然、美的センスが必要とされる。そのためには歯科教育の講座に美術教育が加わり、さらには材料力学や構造力学の教育も必要になるのではと思うが、いかがであろうか。

技工士も接客技術が重要

歯科技工は技術職だから、人とのコミュニケーションはさほど必要としないというのは大間違いで、自分たちの仕事を分かりやすく、興味を持ってもらえるように説明するのは営業部門だけの仕事ではなく、モノの価値を伝え広めるための生産部門の仕事でもあるのだ。

管理職に接客を学んでもらうため、「歯ＡＲＴ美術館」勤務を指示したことがある。同美術館には歯科関連の展示もあれば工芸品の展示もあるが、日常の取引とは全く関係ない来館者との会話は、技術者にとって不得手な世界と言える。

まず丁寧なあいさつから始まり、言葉遣いやしぐさにも気を使わなければならない。歯科医療関係者以外と接触すれば専門用語は使えないから、かえって歯科技術や技能の難しさを分かりやすく表現できるようになるはずだと思ったのだ。

夢の締め切り日

歯科技工士の若手育成の第一歩は、技工学校だ。どのような人たちが集まっているか知りたいと思っていたら、偶然、ある技工学校の課外授業を見学する機会を得た。

2年間を級友と暮らす彼らは皆素直であり、明るく積極的に見えた。これほどしっかりした若者たちは将来への展望もあるのだろうと思い、先生にお尋ねすると、「将来どうしたら良いですか？」と学生から逆に質問されると言われた。

まだまだ20歳の学生では羽化したてのカゲロウのようなもので、この2年間が大切なのだろう。技術を覚えると同時に「自分の仕事が何の役に立つのか」という心の勉強が行われなければならず、若者が将来に対して最初にする一番大事な仕事と言える。

最近は歯科衛生士学校、歯科技工士学校でもコミュニケーションや自己啓発に関する授業が増えていると聞く。

将来の夢を考える授業で、一人の女子学生が「3年後の3月28日にペットの犬を飼って一緒に暮らしたい」と発表した。一瞬、教室に笑いが起きたが、構わず「そのために技術を覚えて就職して収入を得たい」と続けると教室の雰囲気が変わった。

彼女の夢はかなうだろうと思った。朝に「今日は自分を高めるどんな機会があるだろう」と言葉にして、夜には「今日はどんな感謝すべきことがあっただろう?」と声にする。自分の夢に締め切り日を決めて、目標を明確にする。そうすると、無意識の世界が動き出して夢は実現に向かうという。

夢を単なるカゲロウで終わらせてはいけない。人生の目標に向かって次々にゴールを決めていってほしい。

（W／W）

各論から総論を見る

「総論賛成」「各論反対」ということがある。それはつまり、総論はよく分からないから賛成で、各論は個々の現場だからよく分かっているので反対したくなるのではないかと疑っている。

医療経済学が発達し、医師や歯科医師以外の方々の間で医療費の適正論が飛び交うようになっている。それは国民の医療費が適切であるか、不適切であるかを問うものである。施術の標準時間、ドクターの人件費等を積算することで大体の医療費が算出されるようになり、平均値も出やすくなったためもあるだろう。

一方、施術時間にばらつきが出るという問題はある。

例えば、技工において一歯ごとに歯冠形成するのに、20分かかる場合と40分かかる場合がある。健康保険ではそれを一律に捉えていて、特にクラウンブリッジの作業模型を作って適合の品質を上げる方法等は、クラウンの製作料の中に含まれるとの解釈があり、全体の20％も占める作業時間は、全く評価されない。

このあたりが、戦後の健康保険から補綴物の価値が変わっていないと言われるゆえんである。

これに医療経済学者が目を付けないはずはない。その結果、何個の治療を何人の人で、一日何時間、何分でと、総論の医療費予算が、現行に比べて適正であるかどうかを比較して論じられるようになった。

日本全体の歯科医療従事者数(歯科医師、歯科衛生士、歯科技工士)は分かるし、使用材料の生産動態も分かれば、患者数や平均治療時間も分かるはずであるが、この種の講演会には、技術を論じる総義歯の講演会ほど人が集まらない。聞いても、明日の現場に役立たないからであろう。

私はかねがね、フルキャスト・クラウンなら一日に何本フィニッシュ可能かについて考えていたが、歯科技工士の製作可能本数から割り出すと、前述の全くお金にならない作業模型の製作を含めて、5本ではないかと経験的に判断している。

したがってその前後を処置する歯科医師側も、それに比例して5本の線が一日のフィニッシュ数ではなかろうかと、大まかではあるが推察することができる。

この一つをもってして総論が可能になるとは言わないが、少なくとも適正な治療費が現在の保険の数倍で現れてくるはずである。
つまり、各論が分かれば総論が分かるということを言いたいのである。

情報交換で正解を探す

出張先で自炊し、生まれて初めてアルミ鍋を真っ黒に焦がした。事の起こりは、ホタルイカをたくさんいただき、一人では食べきれないため、佃煮にしようと思い付いたことによる。めんつゆを入れて弱火で煮込めば、うまく出来上がるはずと思い、鍋に火を付けた。すると間もなく電話が鳴り、すぐに戻るつもりでその場を離れた。

電話の内容は、交通事故の〝当たり屋〟に遭ったという知人の複雑な話であり、熱心に聞き入っていると、電話を切るまでに30～40分かかってしまった。はたと鍋のことを思い出し、台所に急いだが、時すでに遅し。鍋の中のホタルイカは真っ黒な黒豆に変身したかのようで、しゃもじでこすり取ることすら困難なほど焦げ付いていた。

鍋くらい買い替えればいいじゃないかと指摘される向きもあろうが、物のない時代に育った昭和初期生まれには思い付かず、何とか焦げを簡単に取る方法はないかと、知り合いの主婦の皆さんに聞いてみた。まず、身近なスタッフにメールで聞くと、重層をペースト状に練り、焦げた部分に30分も漬けておけば取れるのではないかと言う。

次に昔からご飯作りの名人と呼ばれるゴルフ友達に聞くと、お米のとぎ汁で煮れば取れると言う。

2、3日あちらこちらに聞いてみると、卵の殻が良いとか、炭がいいとか、市販のクレンザーでこすればいいとか、いろいろな方法があることに驚いた。

しかし、いずれも問題解決の決定打ではなかった。

そこでインターネットで検索してみると、「重層とレモンかライムの絞り汁」がヒットしたので試してみたが、これもスーッとは取れなかった。

次にヒットしたのが「太陽に半日以上当てる」。これは正解で、皮がむけるように見事に取れた。今まさにグラインダーで研磨しようと思っていた矢先のことであった。

この経験から、歯科の技術を連想せずにはいられなかった。技工物作製の5割近くを占める研磨作業なども、お互いにその技術を交換、公開し合って正解を見いだすことで、前述の鍋のように効率の良い方法が生まれるはずであると。

仕事は誰のために？

信州の山里に時間を忘れさせる温泉宿がある。

山肌を巧みに利用した造りのため、ごく自然に森の木々や風の音、小鳥のさえずりに触れることができる。さらに、宿泊客の人数を限定しているので、館内ですれ違う人の数も少なく、徐々に自分だけの時間に浸れる。この宿には時計が一切見当たらないため、時間を忘れて、時を楽しむことができるのだ。

いくつかの読書室では夜な夜な読書を楽しむことができ、思いもかけず心に響く一冊に出合うこともある。陶芸家で有名な河井寛次郎氏の随筆「いのちの窓」に目が留まったのもこの宿だった。

「焼けてかたまれ火の願ひ…」

陶器というものは火の願いによって作られる冷たい火の玉、手の中の火の玉だという彼の感性には感銘を受けた。

セラミックスの歯も電気炉という火で作られる。

歯科技工士は自分の技術でセラミックスの歯を作っているつもりだが、自然の摂理に従い火によって作られていると考えてみると、何やら深みが増してくる。うまい技術者というのは器械と自然の摂理を一緒に使いこなすのだろう。それを職人たちは「勘」と表現したのか。セラミックスの歯は、口の中の火の玉だ。

その後、有名温泉地のある大型旅館に人を訪ねた。各担当者が整列して迎えてくださったのだが、目いっぱい開けられた玄関から大型観光バスが到着するたびに排ガスが流れ込み、そのにおいが充満した豪華なロビーで一人、辟易した。現在ではサービスという言葉をホスピタリティという言葉に置き換える企業も少なくないが、一体仕事は何のために、誰のためにするのか。

山里が落ち葉で埋まる季節になると、件の宿では、一晩じゅう車の上に降り積もっていたはずの落ち葉が帰る段にはいつの間にかきれいに払い落とされている。こういう宿には来年の秋も足を運びたくなるではないか。

我々の仕事である歯科技工も、患者さんの幸せのためにありたいものだ。　（W／W）

日本人は鉛筆に戻ろう

ある時、切り出しナイフを探しても見当たらなかったので、しかたなく台所にあった包丁を使い、古い鉛筆の芯を整えることにした。

たちまち手元からプーンと漂う新しい木の香り。刃物で鉛筆を削り出すという作業はすっかり生活の中から消えつつあるが、ズズッと木を削る感触は爽快である。

しかし、一つ間違うと芯を折るし、指先を切ることさえある。それに不細工に削られた鉛筆には美しさがない。繊細な感覚が見て取れる鉛筆削りの技量は、まさに歯科技術にも通じるものがあると言えよう。

この鉛筆で思い切って原稿用紙1枚を書き上げたが、芯は1ミリも減った様子がない。

世の中は、これで良かったというものが便利さを追求してどんどんと形を変え、あらゆるものが十分を過ぎてしまった。ボールペンはインクがまだ半分残っていても机の引き出しで眠ったままになっている。

今やこの国は、物の処分に困り、それに必要となる費用や場所に苦慮する事態に陥っている。

戦後、何もかもがなくなってしまった時代に命あることのみを頼りとし、鉛筆を握りながら学び、仕事をした。そして世界をリードした日本は、いつしか贅沢という海に沈没しつつあるのだ。

現代の我々に必要なことは、暮らしの中で少しの不便を我慢することなのかもしれない。もちろん必要以上の我慢は発展の邪魔をする。

補綴の大家のある先生は、今でも補綴物の設計に鉛筆を使う。芯の腹を使いサベイングを行い、とがった芯の先でクラスプの設計ラインを引き、義歯床縁のラインを流れるような手つきで記入していく。

石膏の表面にしっかりと線を引くには鉛筆が最適だとおっしゃる。

さて、日本各界を代表して、最初に歯科人から鉛筆に戻ってはどうであろうか？

いつまで苦しむ金パラ鋳造冠

日本中で一日に11万本も作られている金パラ冠は、材料が高いというより、工程の手間暇が全く無視された保険点数で、一体、日本の歯科界は金額にしてどれくらいのボランティアをやってきたか一度試算してみる必要がある。

金属材料メーカー、それを販売する歯科材料商、材料を使って技工物を作る歯科技工士・技工所、そして最後にこれらを支台歯形成、印象採得してセットする歯科医師も、みんな半額以下の悪条件で、何十年も金パラ鋳造冠にいどんできた。この歯科界こぞっての不採算、超奉仕ぶりを、数字に表そうという提案である。

仮に今1万円で保険請求されている金パラ全部鋳造冠が正しく評価されれば、歯科医院が1時間半要したクラウン一本の院長コストは1万8000円、歯科技工士が1時間要したコストは3000円ほどであろう。人件費の倍が売価として、常識からすれば歯科医院は3万6000円、歯科技工所は6000円が最低の患者さんの支払い額であるべきである。プラス、金属代として平均一本3gとしても、たかだか3000円前後か。

人件費に比べれば、金パラ、金合金のどちらを使っても大同小異であろう。しかし、治療を受ける患者さんは違う。金パラと金合金では、色、機能ともにやさしく、明るく柔らかいのは金合金である。こんなことは歯科人なら誰でも知っている。

話は金額に戻るが、適正価格が4万円として、国から支払われている1万円を差し引くと、3万円を国民に奉仕していることになる。

歯科界全体で一日33億円の奉仕をし、それが10年間続けば、一年200日としても、10年で2000日は6兆6000億円にもなり、歯科界の売上が3兆円と多めに見積もっても、歯科医師、歯科技工士は10年のうち2年間は只働きしたことになる。歯科界は、この金パラ冠の理不尽さについてだけでも、国民や政府に理解を求めてもいいのではなかろうか。

当社には国の障害者雇用の助成金をいただいて作ったクラウン専門のラボクラウンセンターがある。日産1000本を目指し、6年間金パラ冠と闘った末に出た結論、「絶対に不当」という料金設定に、けじめをつけてもらいたいのである。

3. 経営者のたしなみ処方薬

どんな人が「偉い人」？

今、一体世の中で「偉い人」とはどのような人をいうのだろう。

博士号をお持ちの先生も、優秀なスタッフを育てる先生も、10日間医院を空けても支障なく診療が回っていく医院の院長も、みんな立派で偉い。

では、我々の技工業界ではどうか。歯科技工士は技術が命だが、秀でた技を持つ人が周りからも尊敬されるとは限らない。技以外にも何かが必要なのだろう。

最近はこう考えるようになった。

偉い人とは自分の仕事で周りの人々や社会を幸せにする人だ。

しかし、ひとかどの仕事を成すには必ず周りの協力が必要となる。だからこそ、いつも周りに対する感謝を忘れない。感謝の気持ちを忘れないから〝ありったけ〟を伝えて、決して独り占めしない。自分の存在と責任を自覚しているから、両親と師匠への感謝を忘れない。

つまり「偉い人」とは、「本分を全うし、始末をきれいにする」という一本の柱を持った人間ではないか。

政治や仕事の真ん中にこの「偉い人」がいなければ、これから先、海外相手に勝ち残れない。

（W／W）

男は名刺、女は口紅

小学生のころ、「末は博士か大臣か」という言葉をよく聞いた。太平洋戦争が終わる昭和20年ごろに覚えたこの言葉が、いまだに脳裏に焼き付いている。

「やっぱり、成功の頂点は博士か大臣なのだなあ」と子供心に思っていたが、今の職業柄、年を経るごとに、日常的に多くの博士の方々にご高説いただく機会が増えた。しかし、大臣となると少ない。

厚生大臣や農林水産大臣を務めた藤本孝雄先生には、時々香川県人会でゴルフのお供をさせていただき、元総理大臣の大平正芳氏や竹下登氏がおっしゃったことやエピソードなど、ためになるお話をたくさんお聞かせいただいた。

ある時、藤本先生に「加齢と共に必要なたしなみの一つに『名刺と口紅』があるのを聞いたことがありますか?」と聞かれ、「何となく納得はできますが、聞いたのは初めてです」と答えると、詳しくご説明くださった。

まず、男性は自分が社会の第一線を退くと、名刺を作ったり持ったりしなくなり、自分の存在を失ってしまうことが多い。男性はいかなる時も名刺を持参し、元気で活躍している事を顕示しなければならない。名刺は元気で活躍している証しである、とのこと。また、「女性はいかに厚化粧であっても口紅を塗らなくなると、表現が良くないかもしれませんが、女でなくなったと宣言しているみたいだと思われませんか?」とおっしゃった。

なるほど、はっきりと意識してはいなかったが、日ごろの対人関係の中で何となく感じていたことであるには違いない。女性の口紅のことは、45年も生命保険のルートレディーを勤めたM女史が、同じようなことを川柳で言っていたのを思い出す。

歯科人には、不思議と名刺を持たない方が多い。私どもも含め、今一度、名刺のこのような効用について見直すのもよいのではないかと思う。

仕事に役立つ、利き酒5つの秘訣

お酒を飲まない若者が増えたとはいえ、パーティーの主催者はお酒を準備し、過半数の人がお酒を飲む。「味わい方を知らないな」と感じることもあるが、人によって利き酒の基準が異なるという面もある。

もう20年以上も前の話であるが、同業者の皆さん数名と、京都、大阪、兵庫の県境辺りにある篭坊旅館を下見に行ったことがある。その時、旅館の主人が、醸造大学の講師をしているので「利き酒5つの秘訣」を教えてやるというのである。

第1に、美しいかどうか

第2に、いい香りがするかどうか

第3に、甘いかどうか

第4に、辛いかどうか

第5に、後味が良いかどうか

「これは人生のあらゆる場面において適用する基準になる」と言われ、解説も受けた。

第1の何でも美しくなければならないというのは誰でも分かるが、次のいい香りは少し難しい。上品でなければならない、何事にも品格が備わっていなければならないというのを「香り」と言い換えているのだ。

第3と第4は、甘くても辛くてもいいのだが、筋が通っていなければならないということ。

そして第5は、人に逢っても、物を見ても、食べても、後味が最も重要である。

――との御説である。

仕事もこの利き酒5つの秘訣に当てはまるよう努力してきたつもりであるが、果たしてすべて後味が良かったかどうか……。

「見えない審美が口臭である」と名言をはいたのは松尾通先生（東京都開業歯科医師）だが、口臭は人には指摘しにくく、かつまた自分では分からない。

学びのスタイル

世の中にはさまざまな情報があふれている。言い方を変えると、学ぶ機会があふれているとも言える。

学びは学生だけが行うものではなく、社会人になってからも永久に続くもの。人それぞれに自分の人生や仕事、または趣味において、これは必要と判断した情報を選びながら学んでいる。

私は、学びは資金力も行動力も得た社会人になってからの方が面白く有意義だと考えている。そして学びのスタイルも重要である。

経験的に申せば、学びのスタイルは、一番初めに本物の人物や真実の教えに触れる方がよい。本物とはその道を究めた大家であったり、1千年近く受け継がれる宗教の経典であったりとさまざまであるが、多くの人々に公平に益があることが重要だ。

最初は全く意味が理解できなくても、とにかく本物にしがみついて学ぶことがよい。あきらめずにしがみついていれば、次第に分かる日が来る。
自分は初心者だからと言って、各駅停車で一つずつ学んでゴールにたどり着いて帰ってくるよりも、最初に超特急でゴールに向かって、本物に触れて、帰りに各駅停車で一つずつ学んで戻ってくる方が結局は早いのだ。

30年以上も前に世に出た歯科医学書の緒言で、ドクター・パンキーが「2％が大家、8％が熟達者、36％が勉強家である」と書いている。

大家と言われる人は、「それについて話せる」「それについて記述できる」「それについて実行できる」ともある。

最後の「実行できる」が難しいのだと想像することは簡単だが、この2％に属する大家に最初に学ぶことが肝心なのだ。

さらに経験的に申せば、大家といわれる先生方は、こちらで思うよりも意外と簡単に会ってくださることが多い。そのような方は人間育成や技術伝承に積極的であるからなのかもしれない。

四国を代表する幕末の英雄、坂本竜馬になぞらえるならば、彼は当時の常識の殻を飛び出して全国を巡り、世の一流とされた人たちに学び、最後には自らの仕事をした。

学びのスタイルで肝心なことは、結局のところ自分自身の積極的な行動力にあると、英雄に訓《おし》えられる。

たしなみと自由と成長・増収

タクシーの運転手から得る情報は貴重で、その土地・区域でこれに勝る第一線の情報源はないと思っている。新聞やテレビは作られている〝ヤラセ〟の一面が見え隠れするが、ベテランになれば方言まで生で、生きた情報が聞け、聞く耳を持っていれば実に大きな情報源となる。

タクシー代が3千円とすれば、10倍（3万円）、100倍（30万円）もの価値を持った情報が収集できる。社用車や個人所有の車を利用して経済効果を考えるのもいいが、時々はタクシーに乗って学ぶのが良いと考える。

ところで、給料を選ぶか、自由を選ぶかという選択をする時、会社や病院のようにチームプレーをするところでは規律が必要であり、さらに義理人情を心得なければならないが、トップが部下に自由を与える工夫をすれば、前進の道のりは短くなる。もっと分かりやすく言えば、給料もさることながら、自由もそれを上回るほど大事で、成長・増収の近道かもしれないということだ。

本物を知る

飛行機の機内温度に一番うるさくクレームをつけるのは日本人観光客だそうだ。また、渡航先で現地の食事を食べて下痢を起こすのも日本人に多いとのことである。現代の日本人が快適過ぎる環境で暮らし、過剰なまでの清潔志向で生活していることが影響しているのかもしれない。

かつての子供たちは山や川で自然の水を飲み、膝頭をすりむいたまま野山を走り、そのまま田んぼに飛び込んでも病気にかからなかった。おそらくは小さな身体でも強い免疫力があったからだと思う。

そんな子供時代をすごしたはずの大人が機内温度のわずかな差に適応できずにクレームをつけるとは……。生活環境の変化とは恐ろしい。

飽食時代の日本において、我々が食べ物に事欠くことはまずないが、栄養的に本当に満たされているのかについては一度冷静に考えてみるのがいい。

例えば、就寝中に足が攣《つ》る苦痛は耐え難いものである。その時に焼き塩をひと舐めするとすぐに症状が和らいでくる。不思議なものだ。おそらくは塩に含まれるミネラルが効いてくるのだろう。これこそが、必要としている本当のモノなのだということを身体が分からせてくれる。

司法書士の仕事をなさっているT先生は居合道六段。80という齢《よわい》を数えても矍鑠としておられ、折に触れご指導をいただいている。

先ごろ、先生から衝撃的なお話をうかがった。幼いころから知的障害を持った娘さんの話である。みかんなどの柑橘類は実を食べずに皮だけを食べる。家の土壁の土を好んで食べる。お風呂にはコップを持って入り、風呂の湯をすくって飲むという。

これだけを聞いた瞬間は痛ましい気持ちばかりが先に立ったが、果たしてそうなのであろうか。

みかんの中で最もビタミンが含まれる皮を食べる。ミネラルが豊富に含まれる土を食う。人に必用な善玉バクテリアを補給する。常識とは別の脳が働くのか、見事に免疫力を蓄えている。

実は我々の方が日々の生活の中で、何が本当に役立っているのかを理解していないのかもしれない。

先入観は捨てた方がよい。

生命は真実をついてくる。


（W／W）

塵も耐えて積もらせれば山となる

いつの時間にも人は時間が足りない、余裕がないということになりがちである。会社の仕事に従事する方々にはもっともっと自由時間を与えたいし、私自身もほしい。

自由時間を作るためには工夫が求められるが、寸刻を惜しむ仕事を繰り返せば、例え1分2分の単位でも、積み重ねていけばまとまった時間になる。

何でも「最小限でよいから」という考えでスタートすれば、時間に限らず環境作りでも新しいチャレンジでも、案外簡単に実現することが分かる。

もちろん、建物でも製品でも、最小単位の改善では物足りないものである。その物足りなさを我慢しながら、次の機会に、この次こそはと一歩ずつ前進を図るのが技術の進歩であると思う。余暇や衣食住の余裕も全く類似している。

例えば別荘を持ちたければ、田舎の土地が安いところを選び、最小限の面積で機能する大きさに建築すれば、四国にも九州にも沖縄にも持てる。

どなたが作られた言葉か、私は「環太平洋構想」という言葉が好きで、現在の歯科技工業という義歯を作る仕事を通じて、太平洋を取り巻く国々の同業者と楽しい交流を深めることを夢として、布石を打ち続けている。

最小限からスタートして「大きな進歩」「広いエリア」。社員や子供たちがこれを受け継いで、この夢に花を咲かせてもらいたいものである。

心の豊かさを求めて

昭和41年、当社を株式会社にした際に、自らの経験に基づいた自社の社是・社訓を作った。その中の一つに、「豊かな心、豊かな生活を目標としよう」という呼びかけがあるのだが、この「豊かな心」についての自分の日ごろの説明が、どうも不充分であるように感じていた。

そんな折、ＵＦＪ総研のプリンシパル、吉田寿先生に役員研修をお願いし、「人間力を磨く」というテーマでお話しいただいた。そのレジュメの中に、２人の人物の格言が引用されていた。

一つはドイツの詩人ゲーテの言葉、「才能は静寂の中でつくられ、人格は世の激流の中でつくられる」。

もう一つは喜劇王チャップリンの言葉、「木の葉の揺らぎ、風のそよぎに耳を澄ます。それが人を愛し、芸術を愛する心です」というもので、これは「心の豊かさ」を説明している。

チャップリンの言葉のおかげで、久しく歯切れの悪かった「豊かな心」の説明ができるようになった。そうなのだ、人間は大自然の動きに感動し、大自然の音に耳を貸す時、心が動き、人生における人間力というものを向上・錬磨させることができるのだ。

チャップリンという芸術家が、いち早くこのことに気付いたのに対し、古希を過ぎてやっと気付く己の愚かさに、あらためてチャップリンを尊敬した次第である。

思いを詩歌で表現するのも素晴らしいが、まずは物の微妙な変化を観察することが優先である。

自然を愛することが心の豊かさを保つ秘訣ではないだろうか、ということを教わり、若い世代にも伝えていきたいと感じ入った。

さて、公益団体である歯科医師会の、会員手帳の中表紙には、

1. 常に研鑽を積み、医術の錬磨と医道の高揚に努める

2. 患者に対し、限りなき愛情と責任を持って最善を尽くす

とあるが、これは、自然を愛する心の豊かさがあれば、目的に近づけるのではないかと思ったりもした。

知識より想像力

石垣島に別荘を持つ大阪大学名誉教授の丸山剛郎先生は、例年、島の地域住民をお招きしてパーティーを開かれる。

その3周年に参加させてもらったが、地元小学校の校長先生が司会を務める中、地元公民館に記念品(テント)を贈ったり、小学校に紅白幕などの寄付をするなど、すっかり地域に密着した行事に感心させられる一夜であった。

100人を優に上回る参加者は、夜が更けるにつれ、月の明るさが増すほどに熱っぽく舞い、南国の人の情熱を垣間見ることができた。

そのパーティーの後、隣の黒島に渡った。前回、訪れた時に「ニガナの酒漬」を売っていた民宿の方に、今度は島のビジターセンター(国営)で会った。

「自分の伝記を明治大学の先生に書いてもらえたので見せる」と言うので、そのヒストリーを読ませてもらうと、島に生まれて結婚し、40歳でご主人を亡くしてから、5人の子供を抱えて戦後の貧しい苦境生活を切り抜けてきた哲学を、20カ条ほどの「人生訓」

として掲げていた。昭和3年生まれというから、当時75歳。島で海草を採り貯蓄をして3500万円の民宿を建て、たゆまず苦労に苦労を重ねて乗り切った結果得た教訓は、「知識より想像力が大切」という哲学であった。

黒島は、日本の国は南の端、波照間島の次に位置する、牛を飼って生活する豊かな土地である。その中にあって苦しい人生の坂を登り続け、やがて下り坂となり楽な人生を味わうころ、ようやく他人がその人生を評価してくれたようである。

膨らみ続けた想像力の豊かさこそが、生き残りの秘訣だったのかもしれない。日本の最南端で学んだ教えであった。

陰と陽の不可思議

香川県高松市庵治《あじ》町には、世に有名な庵治石で作られた燈籠が林立する。実はこの石は牟礼《むれ》町で採れるのに、なぜか庵治石という。

この地は瀬戸内の素晴らしい漁港の町であると同時に、石の産地としても名高く、現代の日本では人気がなくなりつつある石燈籠が町中に林立している。

ある日、とある交差点の信号近くで一つぽつんと立つ平たい大きな燈籠を見かけた。どう見ても調和の取れない変なモニュメントだなぁと前を通るたびに眺めていたのだが、一対になるように、やや小さい女性的な燈籠が近くに配置された時を境に見事に様変わりして収まりが良くなり、見栄えがするようになった。

そろいの服やツーショットや、何気なく「二つそろっている」ことで収まりが良くなる陰と陽の関係である姿」が、その一対の燈籠にピタッと当てはまった結果ではなかろうか。

この世は男と女で成り立ち、太陽と月は陰暦陽暦で毎日が過ぎている。森羅万象がこうして完全な形になる。陽と陰は、神様が作った人間の、あるいは森羅万象のあるべき姿とも受け取れる。

中国医学すなわち漢方の陰陽表では「月と日」「地と天」「夏冬と春秋」「夜と昼」「寒涼と温熱」「西北と東南」「血と気」を対とし、その他人間の機能も陰と陽の関係で解釈している。

いずれにしても、陽と陰の関係を何事においても取り入れることが肝要であるらしい。

旅のすすめ

昭和39（1964）年の正月、私は全財産に近い貯金を擲って、1ドル360円の時に旅費・滞在費を最も有効に生かし、アメリカ・サンフランシスコ視察に出掛けた。今で言う「一億円使ってでも宇宙旅行」と同じくらいの勇気が必要なことであった。

1週間滞在して驚いたのは、帰国する時、靴の裏が絨毯の上ばかり歩くことによりピカピカに光っていたことである。日本でホテルや室内に絨毯を敷き詰めるほどの余裕ができたのは、それから何年、何十年後であっただろうか？

一事が万事、アメリカとの格差をなくすため、追いつけ追いこせと燃える日本が、豊かさを求めてアメリカ式電化生活による大躍進を遂げたのは言うまでもない。

当然、それらの影響を受けた医療産業の設備、器材、技法についてもアメリカに学びに行き、日本はアジアの先進国に変貌し、成長した20世紀後半である。

ハングリーだった時代には「必要は発明の母」と言われ、新たな創造が多かったように思える。今や、革新的な進歩、開発は難しい時代となっているが、いつの時代でも躍進の環境を求めて日常から離れ、時には旅することも必要であろう。

4. スタッフ教育への処方薬

「立派な部下」とは

『部下は上司を3日で見抜く。上司は部下を見抜くのに3年かかる』ということわざがあると聞いた。まさにその通りで、経営者が部下の仕事に対する姿勢を評価するのは難しい。

そもそも社員の何を見て立派だと思うのかは人それぞれであろうが、私の考える立派な社員とは、「仕事が速いこと」でも、「出勤率が高いこと」でも、「仕事が正確であること」でもなく、「最もばらつきのない、その人の日ごろの向上心」である。

要するに、自分の仕事に、常に、謙虚に、たゆまず挑戦しているかどうかということ。「よくやっている。少し失敗はあるけれど、そこは若さゆえやむを得ない」とか、「日ごろ少しノロマだけれど、仕事時間外にも他の現象を何かの機会に役立てようとしていて、好奇心が旺盛だ」とか、「山登りや魚釣りに出掛けながらも抱えた問題を解決することができないかと必死に考えているようだ」とか。

こちらに意識的に見せる顔ではなく本人の気付かない横顔や後姿に惚れ込むのが、社長の部下を見る目だと考える。

ぬちぐすい

沖縄には「ぬちぐすい」という言葉がある。「命のくすり」という意味で、身体に服用する薬ではなく、心に届く愛情や優しさ、感動の体験、料理などを指すらしい。

元気になれる心の栄養……とすれば、我々歯科に携わる者の「ぬちぐすい」は何だろうか？

第一には、患者さんの「きれい！」「具合がいいです」「ありがとうございます」といった満足の言葉だと思う。

それから次に、「患者さんと歯科医院のために頑張りたい」というスタッフの言葉も院長にとっての「ぬちぐすい」であると思う。

コ・デンタルスタッフが簡単にできる処方がある。

「先生はなぜ歯科医師を志したのですか？」「先生はどのようなお気持ちで開業したのですか？」という院長への質問。この2錠。

この質問への答えは、医院のスタッフに絶対に知っておいてもらった方が良いと思うが、いかがか。
今度は院長が、「では、あなたはどうして歯科衛生士、歯科助手、歯科技工士を志したの？」と聞きたくなるだろう。最もこの質問をするのが面接の時なのか飲みの席なのかによって答えは異なるように思えるが……。

企業の経営において「顧客満足」という言葉をよく聞くけれど、患者満足とスタッフ満足は両輪と考えている。患者さんに満足していただくには、我々歯科医療のチームも良い関係が保たれていることが大切だ。
最初にお互いをよく知って、理解して、進むべき方向と考えを合わせる。これが歯科の「ぬちぐすい」の効能だ。

（W／W）

利益以上に大事なこと

鮎釣り名人から聞いた話によると、釣果を得るために大事なのは、
①石に鮎の食《は》み跡があるかを確かめること
②鮎は人が入りにくいポイントにいるため、そこへ行くこと
③鮎を引っ掛ける針先は常に鋭く研いでおくこと
どうも釣りの装備や仕掛けの充実にとらわれがちだが、実際にはそれよりもこの3点に気を付ける方がよほど大事というのだ。

ゴルフでもよくボールの品質が取りざたされるが、基本であり、かつ大事になるのがティーアップだということを経験者は知っている。

何が大事なのか、物事の本質をよく見極めることで結果は大きく変わってくる。

お金は経済を動かすため、たくさんあるに越したことはない。しかしその反面、持てば持つほど何かと大変な面も出てくる。

経済は、「お金の動き」と「人の気持ち」の相互関係で動いている。アジア諸国の発展が

目覚しいのは、人間の営みに活気があることでも分かる。今やアジア諸国から欧米の大学への留学生の数は日本をはるかに凌いでいる。要するに真に大事なのは、お金よりも挑む勇気ということなのだろう。

人生には仕事以上に大事なことがある。例えば人類の未来を考えれば、子孫を残すことがまず第一。

企業にとって利益以上に大事なことは、社員の幸せである(少なくとも私はそう思っている)。利益とは目標達成の手段にほかならない。

これは歯科界においても同様で、歯科医療は先生方とそこに従事するスタッフ全員の幸せを通じて行われることが理想である。本当に大事なことは患者さんの主訴を納得のいく形で解決することであり、我々歯科技工士にとって大事なことは、その主訴に沿った補綴物をお届けすることだ。

何が大事か迷う場面があったら、まず「我々の本当の幸せとは何か?」を勇気を持って考えることから始めるべきではないだろうか。その結果得た選択には、決してお金では買うことのできない真の誇りがついてくる。

鉄（新人）は熱いうちに打て

春の訪れを感じる季節、晴天の陽気に誘われ近所の城址公園に出掛け、春の光には心を躍らせる力があると感じた。古い時代に組まれた石垣もまた新しい春を迎えようとしていた。

この季節は、多くの職場において新しい仲間を迎える時期でもある。

「鉄は熱いうちに打て」

職場に新しい仲間を迎える時、最初に職場の理念を教えることが大切であることは周知の事実。大事なのは「鉄を打つ側」が希望に輝く目を新人に見せられているだろうかということ。

例えばお城の石垣を組む仕事も、ただ単に石垣作りの作業を個々人に与えたならば、夜明けから日暮れまで決められた作業をするだけだろう。

ここにリーダーが現れたら「組」を編成し、優秀な組頭を選び、成果に見合った褒賞を出し、それぞれの組を競わせて仕事の効率アップを図るだろう。徹夜で頑張る「組」も出てくるかもしれない。

しかし、ここでリーダーが、自分たちの理念とビジョン、お城を作る目的や石垣の必要性の一言を説いたならば、結果は変わる可能性が出てくる。作業をする誰かから、「ではもっと反りのある石垣を組もう」「さらに頑丈な石垣は組めないだろうか」と工夫をこらした意見が出てくるかもしれない。

こうなると単純な石組み作業から専門的な石組みの仕事に変わる。仕事師はプロ集団だ。仕事が発展するということは、行動から考動へ、そして仕事へと変化していくことである。それには、「私たちは何のために存在し、何のために仕事をするのか」というはっきりとした理念が最初に提示されなければならない。

だからこそ、新人のころにクリニックや企業が公共性・公平性を基に社会に意義ある存在であるということを教えるのが大事なのだ。

お城の石垣が毎年穏やかな春を迎えているように、我々も未来につながる仕事をしていきたい。

「鉄は熱いうちに打て。意味ある打ち方をせよ」（W／W）

働く対価

就職して最初の給料を受け取った歯科界の新人諸君すべてに伝えたい。

「社会人として自分が選んだ仕事で初めて手にした給料を大切にしてほしい」

新入社員の給料は高くはないと思う。それは、勤め先での仕事の実績がなく、生産性もまだ低いから。仕事は信頼の積み重ねと言ってよく、頑張ったのにこれくらいの給料なら他に転職しようと考えるのも自由だが、転職先でも「実積ゼロ」「信頼ゼロ」からのスタートなので、結果は同じになるだろう。

欧米では同一労働同一賃金がうたわれて社会に浸透しつつある。これは一言でいえば、職種、仕事に値段がついている仕組みで、同じ仕事をしている人が性別、人種などを超え、ほぼ同じ給料であるべきという考えだ。

日本でも政府が同一労働同一賃金を推し進めようとしているが、現状での給料は職責や職務、年功、能力、成果といった評価項目で、その人ごとに給料が決まる傾向がまだまだ根強い。

歯科の仕事は技術的要素が多く、昨今はコミュニケーション能力も求められるようになったが、新人に限らず、常に学び、前進しようとする姿勢こそが本人の信頼の積み重ねとなるのではないか。

月並みな表現だが、職場では出世をした方が良い。人を出し抜き、偉くなれということではなく、どこの職場でも信頼を積み重ね、より大きな仕事を任されることによって責任も大きくなるという意味だ。それによって、給料も増え、世の中への貢献度も大きくなる。働く対価は給料だけではない。信頼の蓄積が将来の自分を支えると心に留め置くべきだ。仕事は自分一人では成し得ないから、周りの人たちとの信頼関係が大切となる。現代の企業は時短や生産性が求められる傾向にあるが、大事なのは、この荒波の中でも自分の生き方を見つけて、慌てずに心を整理することだ。そのために最初の給料は自分に投資してはいかがだろう。

（W／W）

問題は、少子化より劣子化

文部科学省初等中等教育局幼児教育課による中央教育審議会答申の概要についての講演を受講したことがある。「与えられ教育」の中で育った子供は体力的にも知力的にも能力が落ちて劣子化しており、少子化対策もさることながら、教育の内容も変えていかざるを得ないことがよく理解、認識できた。

受講中、最も関心を持ったのは、現代の子供たちの自然体験・生活体験等に関する調査研究結果である。幼少期に、自分の身長より高い木に登ったことがない、魚釣りをしたことがない、日の出や日の入りを見たことがない、という子供の割合が、あまりにも多いことに驚いた。

子供の安全ばかり意識して鍛え抜くことをせず、精神力を養おうとしない現代の親たちに、与えられたことしかできない創造力のない人間に育てられた子供。

その彼らはやがて社会人となり、新入社員として世に出る。五月病が発生する時季には、ついこのことを結びつけて考えたくなる。

退職願の受け取り方

期待と不安に胸膨らませて新しく入社する若人に、職場は大いなる期待を抱き、新入社員も初心をあらわに「よろしくお願い致します」と張り切るものである。

しかし、三年もしないうちに、「退職願」なる経営者にとっての脅迫状を差し出してくるケースも少なくない。

理由は、給与待遇の不満、適性の有無、上司との人間関係等さまざま。

退職願を受け取る側は「ビクッ」として、「せっかく教育、訓練に多額の費用と時間を割いたのにもかかわらず、もう退職か？」と裏切られたような気になり、踏みとどまるように説得する場合と腹立ちまぎれに突き放す場合とがあるだろう。

結婚とか住居変更とか、退職願に書くような、まともな一身上の都合が相手方にある場合は問題ないが、その他はほぼ敵対ムードとなるのが常だろう。

円満退職の秘訣は、かつて、千利休が茶の心として残した「軽きを重きが如く、重きを軽きが如く取り扱うべし」という言葉にある。

これを極意に、辞めたいと言う人にも優しく、「かつては仲良く、職場のために尽くしてくれた」ことを思い出し、できるだけ引き留め、最後まで脅迫状の仕返しをしなくて済むのが望ましいと思いながら努力している。

「企業は人を止めると書く」と言う人もいる。

5千万円かかる!?役員の教育費

銀行、保険各社、大手企業、商工会議所、新聞社と、あらゆる機関から有料研修会のお知らせがある。その多くは一般社員向けのものではなく、役員、社長向けの研修会であるから、やはりレベルの高いものとなる。

1回につき100万円もの講演料を取るような有名スピーカーが、講師として話をすることが高額の原因となっているようだ。ラジオで聞いても、テレビやビデオでお顔を拝見しても、お話を聞くことに変わりはない。したがって日常でも勉強意欲が旺盛であれば、高いお金を出してセミナーに参加することもないと思える。

ところが実際には、合間を縫って勉強するのと、そのために時間を割いて出掛けて勉強するのとでは身の入りようが違うのだという。

そういううたい文句を聞かされて、例えば一回15万円の高い受講料のコースを、何回受ければ優秀な役員になれるのかと、払う側はお金の計算をしてみるのである。

歯科医療は、補綴の分野で製造という要素を含む。歯科技工はあらゆる技術産業と造形や色彩という美術的センスが集結する箱庭のようなもので、経験を要する仕事であるがゆえ、技工所は管理職も現役の技術者であることが多く、歯科技術の第一線に立っている我々は、勉強の効率がどうしても悪い。年に10回参加したとしても、少なくとも5年や10年は続けない限り、一部上場企業の役員のような素養は身に付かない。

50回とすれば750万円であるが、50回で身に付くことはまず少ない。100回以上の機会を与えなければ、社会に通用する役員に成長しないはずである。もし30年前からその気で勉強するならば、4500万円。その上、交通費等を入れれば5000万円かかる計算となる。

そんな説教くさいことをと嫌われるかもしれないが、やはり人間は若い時にしっかりと勉強をしておくことが大切であると分かる。また、日常から謙虚な姿勢で話を聞くことの積み重ねが、お金を失わなくて済むことにつながるのである。

指揮者は皆に背を向ける

会社の経営には、ボトムアップ型とトップダウン型がある。ボトムアップは下から上へと意見を吸い上げて、社員の意思を常に反映しながら経営の舵取りをする方法。トップダウンは上から下へ、半ば強制的にトップの方針や戦略戦術を駆使する方法。そして、両者を織り交ぜてシーソーゲームを繰り返す方法もある。

日本では、できるだけ社員の意向を汲み上げ、経営に反映させる会社が比率としては高い。この方法だと不平不満が少なくて民主的であると評価される。

問題は、社員が会社の方針に理解を示すまで5年も10年もかかる場合があるので、経営者はやりたいことがあってもずっと我慢をして、時期を待たねばならないこと。つまり急速に変化する時代にはそぐわない。

久方ぶりに訪問したアメリカの大手ラボ社長に、アメリカではこの問題はどうかと相談してみたところ、即座に「オーケストラを見れば分かる。指揮者は常時、観客に背を向けている」と答えた。彼の会社は急速な発展を遂げ、年率12％以上の伸びを示している。

なぜ年率12%も伸びるのかと尋ねると、行く先々の工場でそこの長をつかまえ、「この人のおかげで会社の業績が上がっている」と、感謝の声を掛けて回るのである。ボトムアップをしなくても良い結果が出れば、それをしたのと同じである。

結果的に良い音楽を聴衆に聴いてもらえれば、指揮者がどちらを向いていようといいのかもしれない。

歯科技工業に必要なものは幅広く、そしてオーケストラのように演奏者の誰一人として欠かせないものである。指揮者のタクトに演奏者が従うか従わないかは、経営の方針とその理解度に左右される。

その後、ロサンゼルスのレストランで、「あなたの会社のスーパーテクニシャンは、皆自信を持っている」と褒めていただいた。どうして分かるのかと尋ねたところ、「社長と食事をしている席でも、おのおのそれぞれ左右上下、さまざまな方を向いている」と表現された。

指揮者である経営者は、自信を持って演じている社員をしっかり見つめ、能力を十分に引き出し、会社というオーケストラの一員であることの喜びを味わってもらえるようにしたいものである。

5. 成功への処方薬

成功の秘訣

仕事を始めて50年過ぎたころから、「成功の秘訣は?」と聞かれることが多くなった。

あらためて仕事がうまくいった秘訣は何だろうと考えている時、『ザ・シークレット』という一冊の本に出合った。

本の中に、成功の三つの秘訣は、「人の3倍の時間をかけて仕事をし、3倍の犠牲を払い、それに3倍のエネルギーを費やす」とあった。

創業して間もないころは何もかもがうまくいかず、寝ずに金属床と向かい合った。時間とお金を犠牲にして、メタルボンドの研究に明け暮れた。

私は、白い歯が自然だから金や銀色の歯はおかしいと思い、白い陶歯を求めてアメリカへ渡った。そして、みんなにこの白い歯を知ってもらおうと、各地で講演を行った。私は、自分がおかしいと思うことを改善するために、やろうと思ったことは即座に実行していた。

本当にこの本の通りだと納得する言葉だった。

この本では、「人生の偉大なる秘密」について『引き寄せの法則』という他の著書の本のタイトルを挙げ、「類は友を呼ぶ」、つまり似たもの同士は引き寄せ合うので、ある思いを抱くと、それと類似の思いが自分に引き寄せられるという真理を紹介していた。

思考は磁石のようなもので、その思いにはある特定の周波数がある。プラスの思考やイメージを抱くとそれが宇宙に放射されて、同じ周波数を持ったプラスの事象を引き寄せる。もし自分の人生を良い方向に変えたければ、プラス思考でいることによって、自分の波動を良い方向に変えれば良いというのだ。

2005年に、「歯科医療の先端を正しく見せたい」といった思いもあり、歯ART美術館を作った。歯、インプラントの歴史に関する展示物はもちろんのこと、より良い歯を作るための顔の研究を目的に収集した世界中のお面や、世界の子供たちが描いた児童画なども展示している。この美術館では実に素晴らしい人物と作品が、不思議と次から次へと舞い込んでくるのだ。これこそ無意識のうちに「引き寄せの法則」が働いているからではなかろうか。

もし今「これまでの秘訣は?」と尋ねられたら『ザ・シークレット』がこの答えをそっくり代弁してくれると答えるつもりである。

（N／W）

参考文献

『ザ・シークレット』　ロンダ・バーン
『引き寄せの法則』　エスター・ヒックス、ジェリー・ヒックス

人脈の価値

人生は縁で結ばれると言われるが、つくづく最近、すべての仕事は人脈によって成り立っていると痛感する。

高校を卒業したころから自分でも名刺を持ち、他人と交換を始めた。なぜか財産のごとく残していたのが溜まり、50過ぎには4万枚を超えていた。

その後、約15年間で約2万枚増え、合わせて6万枚くらいとなり、最近では少し質も良くなったと思って、少々得意になっていたところ、銀行の情報誌に、三沢ホームの会長さんは今日までに25万枚と書いてあり、これは比較にならないと思った。

それにしても、政治も法律も人の手によってなされ、最近では司法の裁判も民間の参加が求められ、アメリカ並みになろうとしている。

人間が人間を裁くのはどうかと思うが、経済の世界もその延長みたいなものである。バブル経済で土地が10倍も跳ね上がった時に、人々は土地の価値を最大限に認め、それから10年も経たない間に土地や不動産の価値は急降下……。

しかし、人の縁が持つ力は常に不変で、一人でも多くの人を知り、そして信頼をはぐくめば、縁の価値は高まる一方である。

奥野善彦大阪大学名誉教授が、「人が3人以上集まるところには必ず顔を出せ」と言われていたゆえんはそこにあるかもしれない。

心を込めた贈り物は、心に留めてもらえる

喜劇俳優チャールズ・チャップリンは、有名な『モダン・タイムス』など多数の映画を次々にヒットさせ、大成功を収めた。

「人生で必要なものは、勇気と想像力と、ほんの少しのお金」というのは、最近読んだものの中で目に留まった、映画『ライムライト』でのチャップリンのセリフである。

人生を成功させるには、この三つがあればよいという。「勇気」と「想像力」はもちろんのこと、「わずかなお金」というところが大変気に入り、お祝いの席であいさつを求められた時などに引用させていただいている。

1. 勇気

「何か良いお金もうけの仕事はないかなぁ」という声をよく聞くが、新しく仕事を始める場合には、お金の前に、何をするか決める勇気の方が重要である。他の人がやらないことを自分一人で決断して前進しなければならないのだから……。

例えば、昔から私は、講演会に出席した際、講演が終わるとすぐに講師のもとへ飛んで

行き、「ありがとうございました」「あのお話が良かった」などと声を掛けるようにしている。このようにちょっとした一言、お礼を言うだけで、事が始まり、一歩前進させられるのである。

「恥ずかしい」とか、「自分なんかが……」などと自分を卑下する必要は全くなく、ただ相手を称賛する勇気だけなので、最も簡単なことであり、最高の贈り物にもなっていると思う。

2. 想像力

次に必要なのが想像力。相手の心理(喜ぶか、怒るか、悲しむか)を読めばよいだけだが、失敗を重ね、経験を積まなければ、なかなか難しいものだ。

「たぶんこう思うはず」「たぶんこうするであろう」と即時に想像するには、場数が必要になる。

3. お金

相手を喜ばせようと考えた時に、わずかなお金の必要性が発生するのであろうと推測する。人の言葉や熱意が人を動かすこともあるが、贈り物もそれに匹敵する。

わずかなお金で心を込めた贈り物、一ページのコピーでも、植木でも、たった一輪の花であっても、その人の趣味や目指す方向に役立てばよいのである。相手が何を必要としているか、日ごろ交わす言葉の端々に必ず出てくる情報を心に留め置き、物を贈る際に役立てればよい。

冠婚葬祭で最近よく利用されているカタログギフトは合理的そうであるが、その割に喜ばれていないのは、相手を想像することがないからである。

勇気で目標を決め、想像力を働かせて相手に喜んでもらい、わずかなお金を惜しまないチャップリンは社交名人、すなわち交際上手の人間であったのだろう……。

肝臓と人の器

韓国・釜山から、研修会受講のために日本に来た、日本語が大変上手な北朝鮮出身のドクター・具先生と、会社近くの韓国料理店で一緒に食事をした時のこと。もう何十年来の付き合いだから分かりきっているのに、「先生、ビールにしますか、お酒にしますか」とアルコール類を勧めてしまい、「いや、梅酒を少し」と答えられ、「そうだ！具先生にお酒を勧めてはいけないんだ！」と反省した。

韓国で指導を受けている医者に内臓の大きさを鑑定してもらったところ、「具さんの肝臓は普通の人よりも特にサイズが小さいから、アルコール類は飲めないでしょう」と言われたそうだ。

先生の人間の器は、肝臓に反して大変大きい。

75を過ぎ、もう大抵のことは分かっている勉強家なのに、歯科技術についてどんな変わったことを提案しても、否定されたことがない。

肝臓の小さい人にお酒を注ぐと、必ずオーバーフローして病気の現象が現れる。人間も、器の小さい人に何かを提供して情報を注いでも、拒否反応を示して、「それはできない」と断られる。初めから話を聞こうとさえしない限られた器の持ち主もいる。

新入社員を迎える季節は五月病にかかる人も少なくない。現在の仕事が適切でなかったり、また自分の器に合わなければ、あふれ出す前に辞めるか、他の器を探すか、病気の原因を作らないように転職を図ることが望ましい。

参考までに、国会議員や政治家として成功する人の場合、さまざまな種類の、それも大きい器を持っており、優れた能力を有することは確かである。

突然の話だから……？ ―韓国に学ぶ―

メールはこちらの都合の良い時にゆっくり拝見できるが、携帯電話は接客中や電車の中などで出るのは難しいというのが共通認識だと思っていた。

しかし韓国に行ってみると、ほとんどのビジネスマンがイヤホンを付け、人と対話中でも、「ちょっと失礼します」と一言、あいさつをしてから電話に出る。ビジネスチャンスを逃さない姿勢に感心した。

ただし、韓国でも車の運転中に携帯電話を使用するのは御法度である。

「突然の話だから……」と言ってビジネスチャンスを断る姿が、我が社内で大変目立つようになった。あたかも突然のことはすべて悪いかのような逃げ口上で、「アポイントなしの話は心の準備ができてないので失礼に当たる」云々……。

自分が思いもかけない時に突然やって来たり電話をくれたりする相手の想いに感謝し、突然でもゆとりを持って、良きにつけ悪しきにつけ話は聞いてみて、韓国のようにビジネスチャンスを生かす心がけが、変化の時代には必要なのではなかろうか？　韓国と日本を比較してみると、その進歩の度合いは、まるでシーソーゲームのようで、韓国に学ぶべきことも多くありそうである。

6. 心とカラダの健康処方薬

「性格が寿命を縮める」という発見？

「性格と病の関係」という類の本を読んだことがないが、どうも何となく深い関係があるのではないかと感じるようになってきた。

70前くらいから身辺に病気の方がたくさん出るようになった。「健康のためなら死んでもいい」という落語家の話にあるように、日本民族がこぞって健康に良いからと、「何でも食べる」「よく歩く」ということを実行していても、がんにかかればひとたまりもない。

直腸がんになった友人の奥さまも、健康のためなら何でもやっておられる優雅な生活であったのに、突然がんを告知されたという。

手術をしてもがん細胞が残ったと聞き、なぜかと友人に聞くと、「医者が嫌いで、怖くて歯の治療にも行かない。あと半年早く行っていれば……」とのことだった。

パーキンソン病になった人に「皆が良いと言っている、身体全体を暖める治療法があるからどうか」と勧めると、「僕はいつもすぐに汗をかくからそれはできない」と言われ、お寺に嫁いだ我が娘が子宮がんになって手術をしたというから、「免疫力を高める、ブラジルのタヒボというお茶があるからどうか」と言うと、「私は阿弥陀さまにお任せしているから、そんなものは飲まない」という返事が返ってきた。病気を治すことよりも先に、性格を直すことの難しさが立ちはだかっているように思える。

医療が発達して、治療の効果は抜群であっても、持って生まれた性格は直らない。そうだとすれば、やっぱり病気は治らないことの方が多い。

歯科界でも、歯科医療と患者の性格という分野の研究を誰かがされているはず。その関係には、大変興味のあるところである。

科学技術と直感のバランス

あらゆる分野における科学技術の発展は、間違いなく人々の暮らしを便利にしてきた。科学文明は人間の知恵と力の結晶だ。最初は純粋な真理の追究、便利さの追求だったとしても、そこから得た新しい知識や技術は必然的に次への競争を生み、莫大なお金をはらむことになる。

こうして築き上げられてきた現代社会のシステムは、常に新しいもの、もっと良いもの、もっと快適なものを求めるように仕組まれた、本質的な豊かさからほど遠いものと言えないだろうか。

小説家の五木寛之氏と医師の帯津良一氏の対談シリーズ『健康問答』という本に面白いことが書いてある。本書の冒頭に「西洋医学も尊重するが東洋医学もおろそかにしない」「理論もばかにせず、経験からくる直感も大事にする」とある。

そもそも患者は一人一人症状が違うのだから、科学やエビデンスを参考にしつつも、ある場面では医師の直感が大切だと言っている。実際、どの分野でも科学で証明されている範囲は、まだほんの少しだという話もある。

メスジカは、走って自分を追い抜くオスを交配の相手に選ぶという。足の速い子孫は生き延びる可能性が高くなると遺伝子が呼びかけるのだろう。直感とは生命力の一つとも言うべきか、本来自分たちが持っているものだ。

勇気、元気、やる気の「気」も科学で作られるものではない。豊かな生活とは、むしろ経験、知識、心の変化と関係が深いのではないか。

科学技術と自らの経験、心の思いのバランスを取り、意識して機械に頼り過ぎない生活を心がけることも大切であろう。

（W／W）

「ここは地獄じゃ」

神と仏が混在する日本人の宗教観は微妙なバランスで保たれている。ビジネスでも「最後は神頼み」の心境になる方も多いのではなかろうか。ほんのささいなことで揺れ動く人間の心とは悲しくも面白く、また厄介でもある。ましてや我が意に適わぬことに直面すれば、神仏を頼るわりには途端に「地獄」という言葉が口を突く。

設備が充実し、素晴らしい職員にも恵まれている介護施設で、多くの人が追い求める長寿を生きる101歳が「ここは地獄じゃ」と言う。

一方で、病気や事故で若くして人生の灯が消えてしまう人もいる。周囲からは「若いのに残念だ」と惜しまれる。

人生の価値観はいったい何によって決まるのだろう。

多くの人は、我が身であるのに、何やら「別の力」によって生かされ、そして自分の意思に反し、その時が来れば死んでいく。一体、己の正体とは何なのか？

人には食欲・睡眠欲・性欲、おまけに快適欲もある。欲があるから「地獄」と言ってしまうのだ。欲する心がある限り地獄は消えないのだから、やはり火の車（地獄）は自分で作っていることになる。

その根源が人生を生き抜いていくことならば、せめて「己の正体」をありのままに受け入れて涼やかに自分を眺める目を持てば、例えつらい時でも冷静になることができよう。

これを若いうちに悟ることができれば、人生は実に楽になるのではなかろうか。

（W／W）

何を身体から出すか

メディカルスキャニングで「危険値」と診断された内臓脂肪の値を標準値の域に近づけることが目的で、伊豆高原の伊東市富戸にあるヒポクラティック・サナトリウムに行き、1週間、断食修行をした時のこと。

1週間の入所はそうきついものではなかった。

近くに新しくできたアフリカン・アート・ギャラリー、ガラス工芸館等、12、13カ所はあると思われるミュージアム巡りができて、プール、ゴルフに行くにも最適の立地条件にあるため、バカンスのような時間の過ごし方もできる。そのような中、このサナトリウムに来ている方は、まじめに毎日朝晩、約1時間散歩をしたり、欠かさずサウナや温泉へ入ったりして精進している。

サナトリウム滞在中、2時間の講義の中で、院長の石原結實先生が、なぜ人間は死ぬのか、死ぬ原因となる病気の種類の順位はどうであるかといったことを説いてくださった。

病気にならないためには、身体を温めること、そのためには身体を冷やさない物を食べること、そして今や、日本人の食生活においては、何を身体に入れるかより、いかに身体から出すかということの方が健康を守る上で大事であると話された。

そのようにして1週間、世俗と断絶して静かに石原式の健康生活を送った。スーパーマーケットやコンビニへ行かないどころか、冷蔵庫とも縁がない。高原なので、夏だろうがクーラーも必要ない。

かつて、氷もクーラーもなかった時代と比べると、日本人の体温は徐々に下がっており、人間社会全体での平均体温も下がっていると聞く。快適さ、便利さを提供する産業構造は、人間の身体をひ弱にし続けているのである。

元の社会生活に戻り、家庭に帰ると、必ず冷蔵庫のお世話になり、クーラーのスイッチを押し、コンビニで便利な物、好きな物を入手する誘惑にたやすく負けそうだが、隔離されたサナトリウムでせっかく社会の問題を客観視できたのだから、帰っても、氷で冷やした物やクーラーの誘惑に負けないようにしようと思った。

しかし、10日もしないうちに、やはり誘惑に流され始める。外食産業は、冷たい物だけではなく必要以上のごちそうを提供し、今や、5㎞以内の食材どころか、5万㎞以上、地球上のどこで作られた物も手に入り、食卓に並ぶ。

かつての高級料亭のように、旬の味覚を調理する素晴らしい日本料理は廃れようとしている。自然の恵みを生かす料理と、流通事情優先の料理との綱引き競争を悲しく思わずにはいられない。

不便な時代、不足していた時代を懐かしく思い、四季を忘れず、現代社会の「楽」という誘惑に負けない、理性のある日常生活と健康を心がけたいものである。

奇跡の復活

叔父（母の弟）が、施設に見舞いに行くたびに、「もう奇跡はないかのう」と言う。「どうして？」と聞くと、「支那事変、太平洋戦争と過酷な時代を生きてきて１００歳を超した今、現代の生活環境の良さを考えると、誰でも１１０歳くらいまで生きられるはずと思うが……」と言う。

叔父は憲兵将校として中国の武漢に出兵し、帰国後は日通に勤めていた。最後まで記憶力は定かだったので、叔父の言う「奇跡」とは車いすからの復活を願ったものと思われる。結局、１０６歳で他界した。

奇跡の復活と言えば、82歳の私は心臓や腎臓の手術、前立腺放射線治療など、いくつもの危険なオペを受けてきたが、すべて名医に恵まれ、回復した。しかし、ここ3年ほど、どうしても回復しないものに味覚障害と口腔乾燥症があった。

我が業務として一応専門領域の範疇にあるような口の中の問題である。舌痛も伴うため、

「亜鉛」や「鉄」をサプリメントで取るように医師から指導を受けたが、むしろ過剰摂取を疑いたくなる状況で、肝臓の調子がおかしいのをうすうす感じていた。

ある時、生貝を肴にウイスキーを2日ほど連続で飲むと、夜中に脱水症状を起こし、空エズキをした。翌日、大学病院に駆けこむと、「どこも悪くない。酒を辞めてほしい」。その一言で3カ月断酒した。

奇跡は起こった。すべての血液検査が若かりしころの数値に戻ったのだ。回復期間は2カ月に及んだが、味覚障害以外に発音障害や歩行痛、やけどの古傷が坐骨神経痛になる等、食欲も含めて万事低調だったのが嘘のように回復し、再び各地に出張する意欲が湧いて、広島、博多に出掛けた。

結論を言うと、内科の担当老医師が「私の出番はない」とほほ笑まれたのである。

母なる海の力

海は原始から存在し、地球の気候に大きな影響力を持ち、すべての命をはぐくむ源だ。生命は海から誕生したと言われているが、それにしても地球上で最初の生命とはどうやって誕生したのか？　子供が質問してもおかしくない問題だが、うまく答えるのはなかなか難しい。

科学者たちはこう考えている。「地球の大気や海にある単純な分子がぶつかって化学反応を起こし、少しずつ複雑な分子になっていった。そしてある時、分子が集まり最初の生命ができた。（中略）　この点を巡っては、さまざまな仮説が唱えられており、結論が出ていない」らしい。（『Newton　生命に関する7大テーマ』より引用）

生き物を作る細胞も分子の集まりであることは知っているが、分子は原子からなり、さらに原子は原子核と電子からなる……電子は波と粒子の性質を持つ量子である。

詳しいことは専門家にお任せするが、人にも電子（量子）の流れがあって、その流れが健康に及ぼす影響があるという研究が進んでいると聞く。

「例えば海や大地には塩分があり、人が素肌で接することにより塩が電解質となり身体に溜まった不要な電子の流れをよくするらしい。人の電子は上半身から下半身へ向かって流れるので、土俵に塩をまいてはだしで相撲をとる力士には健康な人が多いというのだ。」（島博基 著『分子と心の働きを知れば本当の健康法がわかる』より引用）

古くからの言い伝えの健康法は各地にある。「波打ち際を歩く」「砂浜の上をはだしで歩く」「芝の上を走る」などである。

昔の人は長い経験から得たものを今に伝えたのだろう。

砂浜を歩いてみると感じることがある。心地良い刺激を感じた足の裏は、ほくほくとしたぬくもりが続く。先ほどの電子の流れと大いに関係があると考えると興味が湧く。はだしであることが大切だ。

夏の喧騒が去ったころ、はだしになって母なる海の波打ち際を歩いてみよう。

後書きに代えて

和田精密歯研株式会社 顧問
（元筑波大学附属ろう学校歯科技工科・教諭）
三好博文

本書出版の経緯

本書のエッセイ部分は、和田精密歯研株式会社の創業者である和田弘毅が、週刊『日本歯科新聞』紙上にて、2001年1月23日号から毎月1回連載した「さじかげん」のコラムを、170回続いたところで再編集してまとめたものです。連載の途中からは、当社役員である鰐淵正機も応援に入り、その文章には「W／W」を記載しました。

そもそもこのコラムが始まったのは、当時『歯科ペンクラブ』の代表世話人を務めていた斎藤貞雄氏と和田弘毅とが、筑波大学附属ろう学校歯科技工科の卒業祝賀会で知り合ったことがきっかけでした。

和田は、学生時代、新聞部に所属していたこともあり、歯科技工士やラボの社長の中では数少ない文章家でもあったので、斎藤氏とたちまち意気投合。その場で「歯科ペンクラブ」に入会となりました。

斎藤氏は、エッセイ集を日本歯科新聞社から数冊出版。日本歯科新聞のコラム「歯席」を長らく連載していましたが、高齢となり、誰か良い後輩にバトンを渡したいと探していたようです。

そこに最もふさわしい人物として和田に白羽の矢を立ててくださったのです。和田が斎藤氏の志を受け継いでから、「さじかげん」のコラムはすでに15年以上連載しています。

私と同じ千葉県に在住する斎藤氏は、「さじかげん」を欠かさず読んでくださっていて、しみじみと、「実に良い人に引き継いでいただいた」と語ってくれたことがあります。「継続は力なり」を信条の一つとしている和田は、その彼の期待に沿って歩んでおります。

和田弘毅の人となり

私は35年にわたり、身近に和田に接し、デンタルラボの運営、社会的活動、人柄等を目にしてきました。彼の言動はあらゆる場面で魅力に溢れていました。

今思うに苦しく耐えていた時期もあったようですが、それを人前で愚痴ったり、弱音を吐いたりする姿を一度も見たことがありません。常に将来を見据え、明るい未来を築くため、あらゆる努力・勉強・工夫・知恵を重ねています。いつも他社を尊重し、素晴らしいと感じることがあれば、直ちに社員を派遣して学び取らせます。

歯科技工所は全国に約2万軒あり、1～2名の規模のものが9割を占めます。このように小規模のラボが大半であることには理由があります。歯科技工士は10年勤務を目途に、勤務先で親しくなった歯科医院と見込んだ後輩技工士を連れて独立するのが当たり前で、その後輩も数年で見切りをつけ独立していくからです。

これに対し、大型ラボ経営の要諦は、歯科技工士の従業員に働き甲斐を与え、安定した生活を保障することです。これがたいそう難しいことで、指示書通りに技工物を作り、歯科医師にきちんとお届けするよりはるかに難題です。

和田の人を観る目は確かで、社員の個性や長所を見抜いた適材適所な配置は見事で、感動さえします。障害を持つ者の可能性も信じ、採用をドンドン進めてきました。２００８年6月に開催した創業50周年祝賀会では、勤続25年を超えた障害を持つ社員7名に感謝状と記念品が贈呈されました。

時間と経費のかかる社員教育を、中途退社が数多く出ようと、ブレることなく果敢に挑戦し続けた結果、大輪が、今、一斉に咲き始めているように感じます。このことは、和田の「継続の力」を表す一端だと言えるかもしれません。

２０１６年10月

和田精密歯研㈱の成り立ち

創業当時の著者

1958年に、和田精密鋳造研究所を創業。歯科用コバルトクロム合金を用いた金属床義歯の受注からスタートした。

翌年、大阪市東淀川区の建売住宅を購入。1F工場、2F住居、従業員1名であった。

1966年に和田精密歯研株式会社に改組。金属製のサンプラや金冠が中心であった日本において、「歯を白くする」を信念に、苦心の末、ポーセレン技工の技術を確立。全国からのニーズに応え、事業所を展開していった。

2016年現在、大阪本社、営業所（北海道地区3カ所、東北2カ所、北陸4カ所、関東6カ所、東海3カ所、近畿10カ所、中国5カ所、四国4カ所、九州6カ所）他。

大阪本社「国次ビル」

大阪本社「ギコービル」

福島県にある「東日本加工センター」

【著者プロフィール】
和田精密歯研株式会社
創業～2004年代表取締役

和田弘毅

1934年2月 香川県生
1952年3月 香川県立高松工芸高校金属工芸科 卒業
1953年3月 阪神技工学校　卒業
1958年1月 和田精密鋳造所を創立
1958年3月 大阪工業大学専門学院機械科 卒業
1966年9月 和田精密歯研株式会社に改組
2000年2月 日本歯科技工学会認定士に選ばれる。
2005年1月 日本歯科審美学会認定技工士に選ばれる。
2012年7月 高松市観光大使
日本歯科審美学会 理事・評議員・認定技工士
日本歯科技工士会 日技生涯研修認定講師・認定士

歯科人へのぬり薬

発行日　２０１６年10月20日発行
著　者　和田弘毅
発行所　株式会社 日本歯科新聞社
〒一〇一－〇〇六一
東京都千代田区三崎町二－十五－二
電話〇三（三二三四）二四七五
http://www.dentalnews.co.jp/

ISBN978-4-931550-45-2 C3034